爆速 ビジネス・ライティング

まさしお
Masashio

テンプレートを活用すれば
時間も労力も激減する!

WAVE出版

はじめに

なぜ、あなたは文書・資料作りが苦手＆嫌いなのか？

　ビジネス文書・資料の作成に苦手意識を持つ人は少なくありません。あなたも「文書・資料を作るのが苦手」「どうすればもっとわかりやすい文書・資料を作れるのかわからない」から、この本を手に取ったのだと思います。

　文書・資料作りに多くの時間を割いたにもかかわらず、上司や同僚から「伝わりづらい」「もう一度やり直して」などと言われることが繰り返されると、「そもそも自分には文書・資料を作成するセンスがないのではないか？」と悩んでしまうこともあるでしょう。

　しかし、文書・資料作成の能力は「センス」や「才能」によるものではなく、コツさえ押さえれば誰でも身につけられる単なる「スキル」です。

　そもそも、なぜあなたは文書・資料の作成が苦手＆嫌いなのでしょうか？

　まず自分が苦手だと感じる理由を考えてみましょう。
　それは、あなたが悪いわけでも、能力が足りないわけでもありません。

文書・資料作成が苦手な原因は、正しい方法を学んでいないからです。以下に、よくある３つの原因を挙げてみます。

①そもそも何を書けばいいのかわからない

　文書・資料の作成を始めようとすると、「何をどこまで書けばいいのか」がわからず、頭が真っ白になる——そんな経験はありませんか？　特に、目的が曖昧なまま資料を作ろうとすると、内容の取捨選択に悩んでしまい、ムダに時間を費やしてしまうことになります。

②論理構成、文章・図版の作成に時間がかかる

　文書・資料の作成が苦手な人や初心者は、内容を詰め込もうとして、構成が複雑になりがちです。その結果、文章を書き直したり、図表を作り直したりする回数が増えてしまい、完成させるのに時間がかかってしまいます。

③上司からのダメ出し、やり直しが多い

　上司に提出したあとに「何が言いたいのかわからない」「論点がズレている」などと指摘されることが多くありませんか？　その場合は、読み手（上司）が求めている情報が文書・資料に反映されていない可能性が濃厚です。つまり、自分が伝えた内容と読み手が知りたい内容の間にギャップが生じているのです。

これらの問題は、「文書・資料作成の正しいアプローチ」を学ぶことで解決できます。本書では、特にビジネスの現場で求められる「シンプルで伝わる文書・資料」の作り方にフォーカスして、効率的に成果をあげる方法をお伝えします。

文書・資料の作成は要点だけ押さえれば十分

　文書・資料の作成において、よく誤解されるのは「完璧でなければならない」という思い込みです。しかし、実際には文書・資料は「相手に正確に伝わる」という役割を果たしていれば十分です。そのために重要なポイントを以下に整理します。

オリジナリティではなく「伝わる」を目指す

　ビジネス文書・資料においては、独自性やクリエイティブな表現よりも、相手が内容を素早く理解できることが重要です。図表や箇条書きを活用し、誰が見ても一目で要点がわかる資料を目指しましょう。

文書・資料の種類ごとに論理構成を使い分ける

　会議議事録、進捗報告書、企画提案書、改善提案書など、文書・資料の種類によって求められる構成や情報の優先順位は異なります。本書で

は、それぞれに求められる要件に合わせた「テンプレート」を紹介し、それに基づいて作成する方法を解説します。

作成頻度が高い文書・資料はテンプレートを用意する

　特に作成頻度が高い文書・資料は、ゼロから作るのではなく、あらかじめテンプレートを用意しておくことで、作成時間を大幅に短縮できます。本書では、メール、進捗報告書、改善提案書、会議アジェンダ、議事録、企画提案書の6つの代表的な文書・資料に適したテンプレートとその使い方を詳しく解説します。

　たとえば、メールであれば以下のような構成を使うだけで、相手に伝わる文章を簡単に作ることができます。

〈感謝の言葉〉
　お忙しいところご確認いただきありがとうございます。

〈用件〉
　本件は〇〇についてのご相談です。

〈用件の補足〉
　背景としては〇〇の問題がございます。

〈今後のアクション〉

　ご確認いただき、〇月〇日までにご返信いただければ幸いです。

　こうしたテンプレートを使えば、書くべき要素が明確になり、迷う時間を大幅に削減できます。

文書・資料ができたら上司、顧客への想定問答を行なう

　もしかして「文書・資料が完成したら仕事は終わり」と思っていませんか？

　実は、文書・資料の成功は「完成後の準備」にかかっています。その最たるものが、上司、顧客への想定問答です。上司や顧客は、提出した文書・資料の論点や提案内容について、必ず何らかの質問をしてくるものです。その質問に対して事前に準備しておけば、上司、顧客からの信頼を勝ち取ることができます。

　たとえば、上司、顧客がよく気にするポイントは次の３つです。

・効果はあるのか？

・本当にできるのか？

・会社の方針と合っているのか？

この3つの観点から作成した文書・資料を見直し、事前に想定問答を行なっておけば、「ダメ出し」を最小限に抑えられるだけでなく、上司、顧客との信頼関係を築くこともできます。本書では、想定問答の進め方も詳しく解説します。

この本では、これらの「なぜうまくいかないのか？」「どうすればうまくいくのか？」に対する解決策を、テンプレートや具体例を通じてわかりやすく解説します。

筆者の文書・資料作成経験

さて申し遅れましたが、まさしおと申します。現在、私は東証プライム市場上場のITコンサルティング会社に20年以上在籍し、管理職を務めています。

仕事の関係上、文書・資料を作成する機会がとても多く、少なくとも週2回は業務で作成しています。現在は、作成した文書・資料のやり直しはほぼなしで、たいていのものは2時間以内に作成できるようになりました。

文書・資料を効率的に作成できるようになった結果、残業はほぼなくなりました。余った時間を活用し、副業としてビジネス書（電子書籍）を執筆し、AmazonのKDPを通じて自費出版をして印税収入を得ています。全16冊（2024年末時点）の著書のうち、文書・資料作成に関するものは4冊。そのうち2冊はAmazonでベストセラーを獲得しました。

また、文書・資料作成の著書は、4冊合計で118万ページ以上読まれた実績があります。私が考案した文書・資料作成術は多くの方のニーズに応えられていると考えています。

　そもそもなぜ、私が副業でビジネス書を出版したかというと、本業でつちかったスキル・経験を発信することで、主に若手のビジネスパーソンの方たちの役に立ちたいという想いがあったからです。
　実際に、本を執筆しようと思い立って最初に思いついたのは文書・資料作成をテーマにした本でした。そう思った理由は、若い頃には最も苦手な仕事だったのが、今では得意になったからです。

　若い頃の私は文書・資料作成がとても苦手でした。上司から何度もダメ出しされて書き直すことを繰り返してきました。そして、平日の夜中や休日を犠牲にして文書・資料作りに励んできました。

　「どうして、そんなに苦手だったの？」と疑問に思う方もいらっしゃるかもしれません。しかし、それには原因があったのです。その原因とは、文書・資料作成に向き合う姿勢が根本的に間違っていたからです。

　そのことに気がつき、やり方を改善してからは、水を得た魚のように、文書・資料をどんどん作れるようになりました。上司や顧客からも評価

されることが多くなり、気づいたら得意分野になっていたというわけです。だからこそ、本書を執筆したいと思ったわけです。

そして、私が根本的に間違えていた文書・資料作成に向き合う姿勢とはどのようなことかを、最後に紹介します。

テンプレート活用で文書・資料作成のストレスを解消！

上司から文書・資料の作成を頼まれたとき、あなたはどのように感じますか？　人によって異なると思いますが、多くの人が「イヤだな〜」などと思うのではないでしょうか。

なぜだと思いますか？

私なりの答えですが、何をどう書けばよいかがよくわからないので、ストレスを感じるからではないでしょうか。文書・資料の作成は真っ白いキャンバスに絵を描くような作業と似ていると思う方もいらっしゃるかもしれません。

それこそがかつての私の文書・資料作成に対する姿勢だったのです。つまり、文書・資料を通じて、自分のアイデアを発表しなければいけないというような感覚を持っていたのです。

ですが、ビジネスの現場で使う文書・資料は個人の作品ではありませ

ん。独りよがりな言葉を並べ立たり、理屈をこねても誰も評価してくれません。

　そもそもビジネスにおける文書・資料とは、読み手（上司、顧客、同僚など）に自分が期待する行動をしてもらうための手段にすぎません。そのためには、読み手の関心事を把握し、関心事に対する答えを用意しておくことが必要です。

　つまり、学生時代の試験のように「正解がある」と考えたほうがうまくいきます。私がうまくいったのは、そのような意識のコペルニクス的転回ができたことが大きいです。

　そして、試験のカンニングペーパーにあたるのが、この本で紹介するテンプレートです。

　テンプレートに沿って、書くべき内容をしっかり盛り込めば、誰でも良い文書・資料を効率的に作成できます。ぜひ、しっかりと身につけていただきたいと思います。

contents

はじめに 1

第1章 文書・資料は「型」がすべて！
——テンプレートにあてはめるだけ

文書・資料を作る目的を明確にする 17

文書・資料の作成にテンプレートを使うべき理由 19

代表的な6つの文書・資料のテンプレート 21

1. メールのテンプレート 21
2. 進捗報告のテンプレート 23
3. 改善提案のテンプレート 24
4. 会議アジェンダのテンプレート 25
5. 会議議事録のテンプレート 27
6. 企画提案のテンプレート 28

文書・資料作成の6つのプロセス 31

① 文書・資料のテンプレートに沿った「問い」を把握する 32
②「問い」への「答え」を書き出す 32
③「答え」の「根拠」を書き出す 33
④「具体例」を挙げる 34
⑤「問い」「答え」「根拠」「具体例」をテンプレートにあてはめる 34
⑥「図解」や「グラフ」を追加する 35

COLUMN テンプレートを使いこなすためのコツ 38

第 2 章 メール
――適切、簡潔な文章で成果を出す

メールのテンプレートと代表的な「問い」 45

テンプレートの「問い」に「答え」を書く 47

構成パターンに沿ってメール本文を書く 49

第 3 章 進捗報告
――ポイントは安心感と信頼感

進捗報告のテンプレートと代表的な「問い」 56

テンプレートの「問い」に「答え」を書く 61

構成パターンに沿って進捗報告を作成する 64

第 4 章 改善提案
――みんなの課題を解決し、業務効率アップ！

改善提案のテンプレートと代表的な「問い」 71

テンプレートの「問い」に「答え」を書く 77

構成パターンに沿って改善提案を作成する 82

COLUMN 問題と課題の違いとは？ 87

第 5 章　会議アジェンダ
―― 目的・進行を明確にして会議を超効率化！

会議アジェンダのテンプレートと代表的な「問い」 91

テンプレートの「問い」に対する「答え」を書く 95

構成パターンに沿って会議アジェンダを作成する 99

COLUMN　会議で意見が対立したら？ 103

第 6 章　会議議事録
―― 組織の生産性を上げるための戦略ツール

会議議事録のテンプレートと代表的な「問い」 109

テンプレートの「問い」に「答え」を書く 112

構成パターンに沿って会議議事録を作成する 116

COLUMN　会議で結論を出すための定石 120

第 7 章　企画提案書（プレゼン資料）
―― 共感、信頼、納得、決断の4ステップで
人を動かす！

社内プレゼンと社外プレゼンの違い 127

聞き手の心をつかむ 127
ロジカルであること 128

ストーリーを伝える　129

共感／信頼を築く　129

相手の心を動かす4つのステップ　130

① 共感　131

② 信頼　131

③ 納得　131

④ 決断　132

プレゼンのストーリーに盛り込むべき要素　133

① 共感：「相手の抱えている課題」「課題の原因」「解決策」　133

② 信頼：「商品・サービスの実績」　134

③ 納得：「他社優位性」「商品・サービスの機能」「メリット」　135

④ 決断：「未来像」「商品・サービスにこめた想い」　136

企画提案のテンプレートと代表的な「問い」　137

① 課題　140

② 原因　140

③ 解決策　141

④ 実績　141

⑤ 他社優位性　141

⑥ 自社商品・サービスの機能・特徴　142

⑦ メリット　142

⑧ 未来像　143

⑨ 商品・サービスにこめた想い　143

企画提案の全体構成例　143

テンプレートの「問い」に「答え」を書く　145

構成パターンに沿って企画提案資料を作成する　151

COLUMN　ストーリーに盛り込みたい2つの要素　162

第8章 上司、顧客への想定問答
――提案・報告を却下されないための
リスクヘッジ

なぜ上司や顧客への想定問答が必要なのか？ 170
① テンプレートの「問い」はあくまで一般的なもの 170
② 上司、顧客のタイプによって関心事が異なるから 171

上司、顧客への想定問答のやり方 173
① 上司が気にする3つの重要ポイントから想定問答を行なう 174
1. 効果はある？ 175
2. 本当にできるのか？ 176
3. 会社の方針と合っているのか？ 178

ChatGPTを活用した想定問答のシミュレーション 179
1. 上司や顧客のタイプを把握する 179
2. ChatGPTで想定問答を行なう 180

想定問答の結果を踏まえて文書・資料を修正する 185
① 想定問答の結果を反映する必要性 185
② 修正が必要な場合と不要な場合の見極め 186

COLUMN 文書・資料作成でスキルアップ 191

おわりに 193

ブックデザイン bookwall
本文DTP&図版制作 近藤真史
校正 小倉優子
編集＆プロデュース 貝瀬裕一（MXエンジニアリング）

第 **1** 章

文書・資料は「型」がすべて！
——テンプレートにあてはめるだけ

第1章のゴール

　第1章では、文書・資料の作成において重要な基本的な考え方について学びます。

　効果的な文書・資料とは、読み手のニーズを理解し、それに合わせた情報を明確に整理し、最終的に行動をうながすことを目的としたものです。

　たとえば、顧客向けプレゼンテーション資料では商品やサービスの優位性を伝え、契約をうながします。また、社内会議の資料は現状の共有や意思決定を目的とします。

　文書・資料を作成する「目的」を理解し、テンプレートを使う意義を知ることで、読み手にわかりやすく、意図が伝わる文書・資料を作成できるようになります。

　第1章のゴールは次の通りです 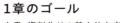 。

1章のゴール
文書・資料作りの基本的な考え方をつかむ

図 01-01

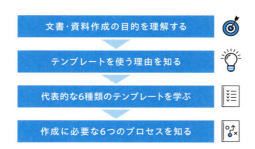

　ゴールを意識しつつ、読み進めてください。

文書・資料を作る目的を明確にする

　文書・資料を作成する際に最も重要なことは、「目的」を明確にすることです。

　ビジネスにおける文書・資料は、ただ情報を並べればいいというものではありません。目的はズバリ**「読み手に特定の行動をうながすこと」**です。

　普段ご自分が作成している文書・資料を思い浮かべてみてください。たとえば、次のようなことを目的としていますよね。

・課長に社内の課題解決方針について了承を得る
・部長に重要案件の課題解決のため他部署に働きかけてもらう
・役員に見積決裁の承認を取りつける
・クライアントの担当者から仕事を受注する

　読み手である、課長、部長、役員、クライアントの担当者に何かしらの行動をうながしていることがわかります。

　一方で、次のケースはどうでしょう？

・課長にプロジェクトの進捗状況を報告する
・部長に重要案件の課題解決の方針を相談する

一見すると、具体的な行動をうながしているとは思えないかもしれませんが、実際には次の行動をうながしています。

・課長に「プロジェクトの進捗状況を把握した上で、部長に報告する」ことをうながしている
・部長に「報告者に対して、課題解決のアドバイスを行なう」ことをうながしている

　つまり、文書・資料作成の目的は、例外なく、**「読み手に特定の行動をうながすこと」**になります。

　目的を明確にするためには、次の3つの「問い」に答えてみてください 図01-02 。
　具体的に考えてみましょう。

文書・資料作成の目的を明確にする3つの質問　図01-02

たとえば、営業パーソンが作成する企画提案資料であれば、次のようになります。

・誰に向けた資料か？
　　→ 購買担当者、経営者などのクライアントの担当者

・どのような行動をうながしたいのか？
　　→ 契約、発注

・そのために何を伝えたいのか？
　　→ 製品の優位性、価格対効果、導入後のメリット

　このように、「読み手」「期待する行動」「主張・内容」を明確にすることで、資料の内容や構成が決まり、読み手にとって意図が伝わりやすくなります。

文書・資料の作成にテンプレートを使うべき理由

　ビジネス文書・資料には、目的・種類ごとに「読みやすい型（テンプレート）」があります。
　テンプレートを使ったほうがよい理由は2つあります。

・読み手が「知りたい内容」を網羅できるから
・読み手が「理解しやすい順番」がわかるから

　たとえば、改善提案をテンプレートに沿わずに作成した場合を考えてみましょう。

・課題は書いてあるものの、原因が書かれていない
・提案の背景がないため、何のための提案かわからない

　報告を受ける上司としては、当然部下が考えてくるだろうと思っていることが考えられていないと受け取ります。

　また、書き手の立場からもテンプレートを使ったほうがよい理由があります。

・構成が決まっているため、短時間に作成できるから
・作り直しを避けることができるから

　こう考えると、テンプレートを使わない理由はなくなりますよね。特に、文書・資料の作成経験が少ない方、苦手な方は、テンプレートを使うことをおすすめします。

代表的な6つの文書・資料の テンプレート

　本書では、ビジネスの現場でよく使われる6種類の文書・資料のテンプレートについて具体例を示しながら解説します。
　それぞれの目的に合わせたテンプレートに沿って内容をまとめることで、読み手にとってわかりやすく、伝わりやすい文書・資料を短時間に完成させることができます。
　詳細は次章以降で解説しますが、まず代表的な6つの文書・資料のテンプレートと具体例を見てみましょう。

 ## 1.メールのテンプレート

図 01-03

〈顧客へのメールの例〉

①感謝の言葉
先日は弊社商品をご発注いただきありがとうございます。

②要件
本日は商品発送の報告を申し上げます。

③要件の補足
さらに詳細につきましては以下の通りです。

④今後のアクション
商品発送は、11月末ごろとなります。

（ポイント）
冒頭に挨拶を入れ、要件を簡潔に伝えたあとに補足情報を追加することで、読み手の頭にスムーズに情報が入ります。

2.進捗報告のテンプレート

図01-04

〈プロジェクトの進捗報告の例〉

①進捗状況

プロジェクトAは現時点で計画の80%が完了しています。

②課題と対策

品質確認タスクの遅延がありましたが、対応策として人員増を行なった結果、進捗が回復しました。

③リスクと対策

今後、コスト増が懸念されるため、追加予算の申請を進めています。

（ポイント）

報告のポイントを明確にし、読み手に現在の状況や課題を理解してもらいながら、今後のリスクにも備えられる構成です。

3.改善提案のテンプレート

〈システム操作の改善提案の例〉

①提案の背景
従来のシステムでは操作に時間がかかり、担当者の残業時間が増えています。

②課題
システム操作を簡単にし、担当者の生産性を上げることが求められています。

③原因
システム操作に時間がかかる原因は、画面機能が複雑であることです。

④対策方針

そこで、画面機能をシンプルに作り直し、操作時間を短縮する方針です。

⑤対策内容

外部業者に2週間で作り直してもらいます。費用は20万円です。

⑥効果

これにより20％の生産性向上が期待できます。

（ポイント）

背景から課題、原因、対策まで一連の流れで示すことで、提案内容がわかりやすく、納得してもらいやすくなります。

 4.会議アジェンダのテンプレート

〈売上目標を達成するための会議の例〉

①背景

今期の売上目標を達成するための新戦略について検討する。

②ゴール

会議のゴールは、実施可能な戦略の決定。

③参加者

経営企画部長、経営企画課長、営業部長、営業一課長

④開催日時

202X 年 4 月 1 日　10：00 ～ 11：00

⑤アジェンダ

「1. 現状の分析」「2. 戦略案の提示」「3. 実行計画の確認」の
順で進めます。

（ポイント）

会議の目的とゴールが明確に示されていることで、参加者が会
議内容に集中できる準備を整えられます。

5. 会議議事録のテンプレート

〈売上目標を達成するための会議の例〉

①決定事項
今期の売上目標を達成するための戦略案は了承。ただし、実行計画のスケジュールを見直す。

②宿題事項
Aさんが実行計画のスケジュールを12月末までに見直す。

③次回打ち合わせ日程
次回は11月15日に予定します。

（ポイント）
会議後の行動に結びつけやすいよう、議論内容の要点やアクション項目を簡潔にまとめることで、参加者全員が進捗を共有しやすくなります。

6.企画提案のテンプレート　　図 01-08

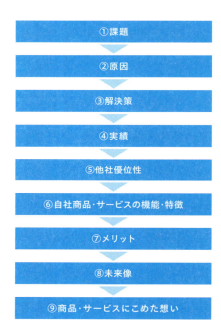

〈CRM システム（※）の提案の例〉

①課題

御社では現在、営業チームの業務負担が増加しています。見込み顧客へのアプローチが効率化できていないため、成約率が低

下し、リード獲得にも時間がかかっている状況です。

②原因

この課題の原因は、見込み顧客管理を手作業で行なっていることと、顧客データが分散しているため、営業活動に一貫性が欠けている点にあります。

③解決策

弊社のCRMシステム「SmartSales」は、見込み顧客管理を自動化し、過去の営業履歴を一元化することで、迅速かつ効果的な顧客対応を実現します。

④実績

弊社の「SmartSales」は、製造業界の株式会社○○様に導入いただき、営業成約率が約20%向上し、1件当たりの商談準備時間が30%短縮されました。また、IT企業の株式会社△△様では、営業コストを年間500万円削減した実績もあります。

⑤他社優位性

弊社の「SmartSales」は、AIを活用して顧客の購買傾向を分析する独自のアルゴリズムを搭載しており、競合製品よりも高精度な顧客ニーズの把握が可能です。

⑥自社商品・サービスの機能・特徴

弊社の「SmartSales」は、顧客の購買傾向を分析する機能を

有しており、業務効率改善や顧客への対応スピードを早めることが可能となります。

⑦メリット

本システムの導入により、営業チームの業務効率が30%向上し、見込み顧客への対応スピードが平均で40%速くなります。また、フォロー業務の自動化により、年間で500時間分の業務削減が見込まれます。

⑧未来像

「SmartSales」を導入することで、御社の営業チームは、より付加価値の高い商談活動に注力できる体制が整います。また、将来的には顧客データを活用したさらなる営業戦略の最適化が可能となり、御社の持続的な成長を支援いたします。

⑨商品・サービスにこめた想い

弊社は、営業現場の課題に長年寄り添い、業務の効率化と成約率向上に貢献するため、「SmartSales」を開発しました。この製品を通じて、御社の成長にお役立てできることを願い、心をこめてご提案いたします。

(ポイント)

単に製品を提案するだけでなく、提案内容がもたらす未来像まで具体的に示すことで、読み手にとって意義がわかりやすくなります。

※CRM（Customer Relationship Management：顧客関係管理）システムとは、顧客との関係を構築・維持し、利益の向上をサポートするためのツール。顧客の情報を一元管理し、分析・マーケティング支援、プロモーション管理などの機能を備えている。

文書・資料作成の6つのプロセス

　効果的な文書・資料を作成するためには、情報を整理し、読み手が理解しやすい構成を意識することが大切です。ここでは、情報をスムーズに伝えるための6つの作成プロセスを具体例を交えながら説明します。

図 01-09

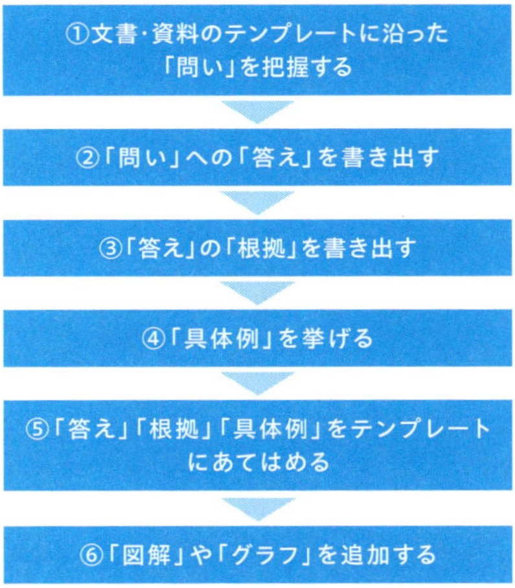

①文書・資料のテンプレートに沿った「問い」を把握する

②「問い」への「答え」を書き出す

③「答え」の「根拠」を書き出す

④「具体例」を挙げる

⑤「答え」「根拠」「具体例」をテンプレートにあてはめる

⑥「図解」や「グラフ」を追加する

①文書・資料のテンプレートに沿った「問い」を把握する

　まず、作成する文書・資料の種類に応じて、**「読み手が知りたいこと（問い）」を整理します。**

　たとえば、進捗報告書を作成する場合、読み手である上司やプロジェクト関係者が知りたい情報は次のような内容です。

「現在の進捗状況は？」
「進行中の課題やリスクは何か？」
「リスクに対する対策はどうなっているか？」

　この「問い」を明確にすることで、資料全体の内容が読み手にとって有益な情報として整理されます。

　とはいえ、「どうやって問いを探せばよいのだろうか？」と心配になった方もいるかもしれません。ご安心ください。上司やクライアントの担当者が知りたい「問い」はおおよそ決まっています。

　そのため、本書で紹介するすべてのテンプレートには上司やクライアントが知りたい「問い」を用意しています。あなたは、「問い」を把握するだけで上司やクライアントが何を知りたいかを把握できます。

②「問い」への「答え」を書き出す

　次に、把握した「問い」に対して、それぞれ具体的な「答え」を書き

出します。進捗状況や課題に対する説明を箇条書きで整理し、次のステップでテンプレートにあてはめる準備をします。

　進捗報告を例に説明します。

「進捗は予定通り？　遅延？　先行？」という「問い」の「答え」は、「システム開発の進捗状況は現在3日遅れです」。

「遅延の原因は？　その対策は？」という「問い」の「答え」は、「テスト工程でプログラムのバグが大量に発見され、対応に3日を要したためです」や「進捗の遅れに対応するための要員を増員する予定です」。

　こうした「答え」を箇条書きで明確にすることで、整理して記述する際にポイントが絞りやすくなります。

③「答え」の「根拠」を書き出す

「答え」を示す際には、**答えを裏づける「根拠」を示す**ことで説得力が増します。

　たとえば、「進捗の遅れ」であるという報告に対して、その根拠として各工程の進捗データや関連する数値を提供することで、読み手の信頼が高まります。

　ここでは例として、「進捗が3日遅れ」の根拠として次のようなデータを記載します。

各チームメンバーから報告された進捗の集計データが予定より平均3

日遅れている。

　このように、具体的なデータや数値を根拠として示すことで、資料の内容が単なる主観ではなく、客観的に信頼できるものとなります。

④「具体例」を挙げる

「答え」や「根拠」を示したあとに、必要に応じてほかのプロジェクトでの実例など、**具体的な事例を挙げると説得力がさらに高まります。**
　たとえば、過去の類似プロジェクトでの課題とその対策事例を紹介することで、読み手にとって理解しやすくなります。ここでは「要員を増員する」の具体例として、次のように過去事例を記載します。

前年度のプロジェクトＡで同様の課題が発生し、追加人員を投入したことで予定通り完了しました。

　こうした実例を示すことで、提案内容や現在の対応策が実績に基づいていることが伝わり、読み手の信頼を得やすくなります。

⑤「問い」「答え」「根拠」「具体例」をテンプレートにあてはめる

　ここまで整理した**「問い」「答え」「根拠」「具体例」を、テンプレートに沿って配置します。**このステップでは、資料全体の流れを意識し、情報がスムーズに伝わるように調整します。
　たとえば、進捗報告書の場合、次のような構成にまとめるとわかりや

すくなります。

> ①進捗状況
> 各チームメンバーから報告された進捗の集計データによるとシ
> ステム開発の進捗は３日遅れです。
>
> ②課題と対策
> 現在、テスト工程でバグが発見され、スケジュールのリカバリー
> 対応に３日間を要する見込みです。対策として要員を増やし、
> スケジュール遅延のリスクを軽減します。
>
> ③過去の事例
> 昨年のプロジェクトＡでも類似の課題があり、追加人員でス
> ケジュールを補正した実績があります。

　情報をテンプレートに沿って整理することで、話の流れがスムーズに
なり、読み手が各項目を理解しやすくなります。

⑥「図解」や「グラフ」を追加する

　最後に、読み手の理解を助けるために、必要に応じて図解やグラフを
追加します。ビジュアルを活用することで、内容が視覚的にわかりやす
くなり、情報の理解度が向上します。
　たとえば、進捗状況を示す際に次のような図解やグラフを加えると効
果的です。

〈進捗状況を表すガントチャート〉

　プロジェクトの全体スケジュールを示し、各工程の進捗を色分けして視覚的に把握できるようにします。

■ ガントチャートの例　　　図 01-10

			プロジェクトの開始：	日、2024/11/17		2024/11/18			2024/11/25			2024/12/2		
			週表示：	1		18 19 20 21 22 23 24		25 26 27 28 29 30 1			2 3 4 5 6 7 8			
タスク	担当者	進捗状況	開始	終了		月 火 水 木 金 土 日		月 火 水 木 金 土 日			月 火 水 木 金 土 日			
フェーズ1 タイトル														
タスク1	名前		11/17/24	11/20/24										
タスク2		50%	11/20/24	11/22/24										
タスク3		60%	11/22/24	11/26/24										
タスク4		50%	11/26/24	12/1/24										
タスク5		25%	11/21/24	11/23/24										
フェーズ2 タイトル														
タスク1		50%	11/22/24	11/26/24										
タスク2		50%	11/24/24	11/29/24										
タスク3			11/29/24	12/2/24										
タスク4			11/29/24	12/1/24										
タスク5			11/29/24	12/2/24										

　図解やグラフを使うことで、文章だけでは伝わりにくい情報も一目で理解できるため、読み手の負担が軽減され、説得力が増します。

　これらのプロセスを経て、整理された情報がテンプレートに沿って配置され、視覚的にも理解しやすい資料が完成します。

第 1 章のまとめ

　ビジネス文書・資料の作成では、最初に**「目的」**と**「読み手の問い」を明確に**することが重要です。各文書・資料の目的に応じたテンプレートを活用し、効果的なプロセスを経て資料を完成させることで、読み手にとって理解しやすく、期待される行動につながる文書・資料を作成できます。次章以降では、具体的な事例を通して、作成の実践方法をさらに掘り下げていきます。

テンプレートを
使いこなすためのコツ

　テンプレートは、文書・資料の作成を効率化し、クオリティを向上させる心強いツールです。しかし、その使い方次第では、逆効果になってしまうこともあります。ここでは、テンプレートの利点を最大限に活かしつつ、失敗を防ぐためのコツと具体例を紹介します。

コツ①ひな型にこだわりすぎない

　テンプレートをそのまま使用することは、時間を大幅に短縮できる一方で、内容が型にはまることで、読者の心に響かないリスクがあります。特に自分とは異なる業界に属する相手に対して、汎用的なテンプレートを適用すると、不要な情報が多くなる一方で、本当に伝えるべきメッセージが欠落する場合があります。

〈具体例〉

　あるIT企業が新規顧客向けに導入事例を作成した際、一般的なテンプレートをそのまま使用しました。その結果、顧客の課題や解決プロセスが表面的な記述にとどまり、商談の成約率が低迷してしまいました。

　失敗を受け、テンプレートの構成を見直し、顧客の課題を深掘りしたストーリーを強調したところ、内容の訴求力が向上し、結果的に成約率が大幅に改善しました。

（ポイント）

　テンプレートはあくまで「ベース」であり、自社の強みや顧客のニー

ズに合わせて柔軟にカスタマイズすることが重要です。

コツ②ページ数を増やしすぎない

テンプレートに沿って作成すると、情報を追加しやすくなるため、気づいたらページ数が多くなりすぎてしまうことがあります。多すぎると、読み手の集中力が途切れ、重要なメッセージが埋もれてしまいがちです。特にプレゼン資料では、簡潔さが説得力に直結するので注意が必要です。

〈具体例〉

ある営業チームが作成したプレゼン資料には、「イントロダクション」「ビジョン」「製品概要」「導入事例」「詳細仕様」など、テンプレートで用意された全項目を盛り込み、最終的に30ページを超えてしまいました。

クライアントは肝心の提案内容を把握できず、反応は低調。その後、提案に関連する情報だけを10ページ以内に絞り込んだところ、クライアントの理解度と反応が大きく向上しました。

（ポイント）

伝えたいメッセージに直結する情報だけを厳選し、全体をコンパクトにまとめることを心がけましょう。

コツ③ページに情報を詰め込みすぎない

テンプレートのレイアウトが優れているからといって、1ページに情報を詰め込みすぎるのは避けましょう。情報過多は、読み手の理解を妨げ、視認性を損なう原因になります。

〈具体例〉

　データ分析結果を報告する資料で、テンプレートの「グラフ＋説明文」の形式を活用しながら、複数のグラフや文章を１ページに詰め込んだケースがあります。

　その結果、読み手はどのデータが重要なのかを把握できず、混乱してしまいました。この問題を受け、１ページ１メッセージに絞り、重要なポイントを強調する形に変更したところ、資料の伝わりやすさが大幅に向上しました。

（ポイント）

　１ページには１つのメッセージを盛り込み、重要な情報が読み手に明確に伝わる構成を心がけましょう。

テンプレートを効果的に使うために

　テンプレートはあくまで「効果的な型」であり、その目的は文書・資料の魅力を引き出すことです。次の３つのポイントを意識することで、テンプレートの利点を最大限に活かせます。

ポイント①柔軟にカスタマイズする：

　読み手のニーズに合わせ、テンプレートの構成や内容を調整します。

ポイント②簡潔さを重視する：

　不必要な情報を削ぎ落とし、メッセージをわかりやすくまとめます。

ポイント③視認性を確保する：

　1ページ1メッセージを基本とし、重要な情報が埋もれないよう工夫します。

　テンプレートに頼りすぎず、自分の目的や伝えたいメッセージを常に意識しながら、効果的な文書・資料の作成に取り組みましょう。

第 2 章

メール
―― 適切、簡潔な文章で成果を出す

第2章のゴール

　ビジネスコミュニケーションにおいて、メールは最も重要なツールですが、「伝えたいことが相手に正確に伝わらない」「そもそも返信が来ない」といった悩みを持つ人は少なくありません。

　たとえば、筆者の知り合いが勤務するある大企業では、担当者が顧客に用件が曖昧なメールを送ってしまった結果、重要なプロジェクトが1週間も遅れてしまったというケースがあったそうです。反対に、簡潔かつ適切なメールを送っただけで、取引先から迅速な対応を得られ、信頼を深めたという話も聞いたことがあります。

　この章では、次の2つのスキルを習得することを目指します。

①メール作成の基本構成を理解すること
②テンプレートを活用して、状況に応じたメールを適切に作成できること

　特に、多忙なビジネスパーソンにとって、メールは迅速かつ正確に伝えるためのコミュニケーション手段です。

　具体的なテンプレートと実例を見ながら、わかりやすく伝わるメール作成のスキルを学び、コミュ力を上げましょう。

メールのテンプレートと代表的な「問い」

　効果的なメールは、「シンプルであること」と「伝えるべき情報がモレなく含まれていること」が特徴です。

　まず、基本的なメールのテンプレートと、それに基づいた「問い」を示します。これらを念頭に置きながら文章を作成することで、明確で伝わりやすいメールが書けるようになります。

　まず第1章で紹介したメールのテンプレートをもう一度確認してみましょう 図02-01 。

1. メールのテンプレート

図02-01

　次にメールのテンプレートと、それに基づいた「問い」を示します 図02-02 。これを念頭に置きながら文章を作成することで、明確で伝わりやすいメールが書けるようになります。

メールのテンプレートの「問い」

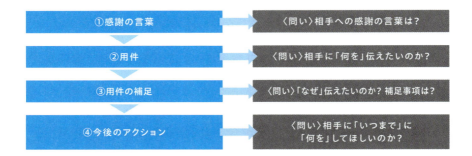

図 02-02

①感謝の言葉
メールのトーンを和らげ、受信者がメールを好意的に受け止めるきっかけを作ります。

②用件
メールの主旨となる部分です。曖昧さを避け、具体的に述べることが重要です。冗長な説明を省き、1〜2文で用件を明確にしましょう。

③用件の補足
背景情報や文脈を補足することで、受信者がメールの意図を正しく理解できるようになります。ここでは、「補足情報を必要最低限に抑える」ことがポイントです。

④今後のアクション

締め切りや具体的な依頼内容を明示することで、相手が適切に行動を起こせるようにします。相手に負担をかけすぎない配慮も重要です。

テンプレートの「問い」に「答え」を書く

　それでは、メールテンプレートの「問い」に「答え」を書いてみましょう。その効果がいっそう実感できるでしょう。以下に、「プロジェクト進行会議のご案内」という件名のメールについて、答えを書いた例を示します。

件名：プロジェクト進行会議のご案内

①感謝の言葉
〈問い〉相手への感謝の言葉は？

〈答えの例〉
先日は貴重なお時間をいただき、ありがとうございました。

　このほかにも次のような表現も状況に応じて活用できます。

迅速にご対応いただき、誠にありがとうございます。
いつも温かいご支援を賜り、心より感謝申し上げます。

第2章　メール——適切、簡潔な文章で成果を出す　　47

②用件

〈問い〉相手に「何を」伝えたいのか？

〈答えの例〉

次回のプロジェクト会議の日程について確認したくご連絡しました。

③用件の補足

〈問い〉「なぜ」伝えたいのか？　補足事項は？

〈答えの例〉

この会議ではプロジェクトの次のフェーズに必要なリソースについて議論する予定です。

④今後のアクション

〈問い〉相手に「いつまで」に「何を」してほしいのか？

〈答えの例〉

〇月〇日までに日程をご確認の上、ご都合をお知らせください。

　いかがですか？　テンプレートの各「問い」に答えるだけで、効果的なメールが書けそうですよね。次は、「答え」に沿って本文を書いていきます。

構成パターンに沿って
メール本文を書く

それでは、メールのテンプレートの「問い」に対する「答え」に沿ってメールを書いてみましょう。

件名：プロジェクト進行会議のご案内

○○様

お世話になっております。△△株式会社の□□です。

先日はプロジェクトについてお時間をいただき、ありがとうございました。

現在進行中のプロジェクトについて、次のステップを確認するため、会議を設定したいと考えております。

特に、リソースの割り当てやスケジュール調整についてご意見をいただければ幸いです。

つきましては、以下の日程の中からご都合の良い時間帯をお知らせいただけますでしょうか。

第2章　メール——適切、簡潔な文章で成果を出す　　49

- ○月○日（○曜日）10:00 ～ 12:00
- ○月○日（○曜日）15:00 ～ 17:00

もし上記の日程でご都合が合わない場合は、代替の日時をお知らせください。
○月○日までにご返信いただけると幸いです。

お手数をおかけしますが、どうぞよろしくお願いいたします。

□□
連絡先：xxx-xxxx-xxxx
メールアドレス：xxx@xxx.co.jp

　実際にやっていただけるとわかりますが、テンプレートの答えが出来上がっていれば、すぐに書き終わります。しかも、相手に伝えたいことが端的に、モレなくダブりなくまとめることができるので、とても効果的です。

第 2 章のまとめ

　メール作成の基本は、「誰が見ても簡潔で明確に伝わる内容」にすることです。本章では、次の 4 つのことを学びました。

・感謝の言葉で相手への配慮を示す
・用件を簡潔かつ具体的に述べる
・補足情報を適切に加え、誤解を防ぐ
・相手が行動しやすいように、具体的な指示や期限を明記する

〈実践タスク〉

　メールのテンプレートを使って、自分の職場で使えそうなメールを 3 通作成してみましょう。書いたら、同僚や上司に内容を確認してもらい、フィードバックを受けてみてください。

　フィードバックを受けた結果、良さそうであれば、常にテンプレートを使ってメールを作成するようにしましょう。

　次の章では、テンプレートを使った進捗報告の書き方を学びます。

第 3 章

進捗報告
—— ポイントは安心感と信頼感

第3章のゴール

　進捗報告は、プロジェクトや業務の現状を共有するだけでなく、チーム全体が同じ目標に向かって効率的に動けるようにするための基本的かつ重要なスキルです。この章では、次の2つのゴールを達成することを目指します。

①進捗報告のテンプレートと代表的な「問い」を理解する
②テンプレートを活用して、具体的でわかりやすい進捗報告資料を作成できるようになる

　進捗報告は単なる状況説明ではありません。次の2つを簡潔かつ明確に伝えることで、相手に安心感と信頼感を与えることが重要です。

・現在の進捗がどうなっているのか？
・課題やリスクをどのように解決・回避するのか？

　たとえば、次のような場面を想像してみてください。

〈上司への定期報告〉
「プロジェクトは順調ですか？　進捗が遅れているなら、原因と対策は何ですか？」と尋ねられたとき、瞬時に要点を押さえた答えを用意できるでしょうか？　緊張感のある場面だからこそ、正確で信頼性の高い進捗報告が必要になります。

〈クライアントとの会議〉
　クライアントに「予定通りに進んでいますか？　リスクはないですか？」

と尋ねられたとき、即座に先方が納得のいく説明ができますか？

〈チーム内での情報共有〉

　メンバー全員が状況を正確に理解し、次のアクションを明確に取れる進捗報告を作成できますか？

　この章で解説するテンプレートと「問い」を使いこなせれば、これらの場面でスムーズに対応できるようになります。

進捗報告のテンプレートと代表的な「問い」

　進捗報告を構造的に整理するために、「進捗状況」「課題と対策」「リスクと対策」の3つの要素を軸にまとめます。それぞれに対応する代表的な「問い」を設定し、その問いに対する答えを準備しておくことで、説得力のある進捗報告が可能になります。第1章で紹介した進捗報告のテンプレートを再掲します 図 03-01 。

進捗報告のテンプレート　　　　　　　　　　　　　　　図 03-01

　進捗報告テンプレートと、各プロセスにおける「問い」は 図 03-02 の通りです。これらを念頭に置きながら進捗報告を作成することで、上司が納得しやすい報告書を書けるようになります。

進捗報告のテンプレートの「問い」

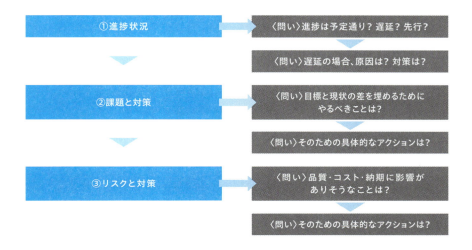

図 03-02

①進捗状況

進捗状況では、プロジェクトや業務が計画に対してどのように進んでいるかを説明します。また、**遅延している場合は、原因と対策についても説明します。**

ここでの「問い」は次の2つです。

〈問い〉 進捗は予定通り？　遅延？　先行？
〈問い〉 遅延の場合、原因は？　対策は？

②課題と対策

課題と対策では、**目標と現状の差についてギャップがある場合に、**以

下の２つの問いに答える形で説明します。

〈問い〉目標と現状の差を埋めるためにやるべきことは？
〈問い〉そのための具体的なアクションは何か？

　よく進捗報告で「課題はありません」と報告する人がいますが、それを聞いた上司は「課題が必ずあるはずだ」と考えています。

　つまり、部下が「課題はありません」と報告した場合、上司は、「課題を発見できていないのは？」もしくは、「課題に気づいているが隠しているのでは？」と疑うのです。

　ですから、必ず課題と対策の２つを報告するようにしましょう。

　もし「課題が思いつかない」という場合は、先ほどの**「目標と現状の差についてギャップがある場合に、やるべきこと」**に着目してください。

　たとえば、クライアントから受注した製品を作って納品する仕事で考えてみましょう。この仕事の目標は、クライアントが要求する製品仕様、納期、価格をクリアすることです。そして「このままでは目標を達成できなさそうだ」となった場合、「目標を達成するためにやるべきこと」が何かしらあるはずです。それが課題になります。

　仮に「現状のままだと納期に間に合わなそう」であれば、「納期に間に合わせるために人員を増やして対応する」ことが「課題」です。

　そして、課題を実行するための具体的なアクションが「対策」です。「部長を通じて他部署に応援メンバーを要請する」などといったことです。

③リスクと対策

　ここでいうリスクとは、「予想した通りに仕事が進まない」可能性を意味します。とはいえ、「そもそも何がリスクかが思いつかない」という方もいらっしゃるでしょう。どうしたらリスクを洗い出せるでしょうか？　そのための「問い」は次の通りです。

〈問い〉品質・コスト・納期に影響がありそうなことは何か？

　品質・コスト・納期は、「QCD（Quality、Cost、Delivery）」とも呼ばれ、生産管理の基本となる概念です。いずれも計画に重大な影響を与える要素です。つまり、リスクを洗い出すために、品質・コスト・納期の観点からチェックすることで、見落としを防げるというわけです。

　QCDの3要素は密接に関係しています。「品質を優先するとコストが上がったり、納期が遅れる」「コストを削減すると品質が落ちたり、納期が遅れる」「納期を短縮すると品質が下がったり、コストが上がる」と、それぞれトレード・オフの関係にあります。そのため、生産活動の現場では品質・コスト・納期の3要素のバランスをうまくとることが求められます。

　リスクを洗い出したら、リスクを回避、軽減するための具体的なアクションを説明します。それには次の「問い」に答えます。

〈問い〉そのための具体的なアクションは？

　リスクは必ずしも書き出す必要はありませんが、それでもやはり**仕事**

を円滑に進めるためには、事前にリスクを洗い出して、あらかじめ対策を立てておくほうがよいでしょう。

　多くの人は問題が発生してから対策を考えますが、事前にリスクを見越して予防策を打っておければ、コストやスケジュールに余裕を持て、仕事をスムーズに進められます。
「課題対策のコスト」と「リスク対策のコスト」を比較すると下の 図03-03 のように、圧倒的に「リスク対策のコスト」のほうが小さくて済みます。

「課題対策のコスト」と「リスク対策のコスト」の違い　　　図03-03

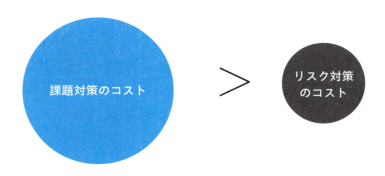

　つまり、仕事を円滑に進める人とは、あらかじめリスクを見極め、予防策を実施したり、問題が起こったときの対策を用意しておける人です。

テンプレートの「問い」に「答え」を書く

　進捗報告の各要素について、代表的な問いに答える形で進めると、情報が整理され、相手にとってわかりやすい報告になります。以下に、進捗報告のサンプルを示します。

①進捗状況

〈問い〉進捗は予定通り？　遅延？　先行？
〈問い〉遅延の場合、原因は？　対策は？

〈答えの例〉
プロジェクト C の進捗率は 90％で、予定より 3 日早く進んでいます。この結果、次のフェーズで計画している新機能のテスト開始が早まりました。

②課題と対策

〈問い〉目標と現状の差を埋めるためにやるべきことは？
〈問い〉そのための具体的なアクションは何か？

〈答えの例〉
新機能のテストで発見された不具合が想定より多く、修正に時間がかかっています。解決策として、修正作業を 3 つのチームに分けて同時並行で進めた結果、修正スピードが約 30％向

上し、納期内に完了する見込みです。

③リスクと対策

〈問い〉品質・コスト・納期に影響がありそうなことは何か？
〈問い〉そのための具体的なアクションは？

〈答えの例〉
新しい外注先との契約プロセスが遅れる可能性があります。これにより、製品の一部の納期が１週間遅れるリスクがあるため、契約締結の手続きを迅速化するために、専任担当者を配置しました。

　一見すると筋が通っているように思えますが、この報告を聞いた上司は次のような疑問を持つかもしれません。

〈上司の疑問①〉
　テストフェーズで発見された不具合が想定よりも多いのはなぜか？もしかしたらテストで検出されていない不具合がほかにもあるのではないか？

〈上司の疑問②〉
　新しい外注先との契約プロセスが遅れるのはなぜか？　今後は外注先との契約プロセスが遅れることはないのか？

　上司がこのような疑問を抱くのは、第１章で説明した、「答え」の「根

拠を書く」あるいは「具体例を挙げる」というプロセスが抜けているからです。

しかし、最初から「答え」の「根拠」や「具体例」を書くのではなく、自分の文章を上司が見たときにどのような疑問を持つかを想像し、それに対する答えを用意するほうが、上司が納得できる報告ができます。

それでは、上司の疑問への回答を用意しましょう。

〈上司の疑問①〉
テストフェーズで発見された不具合が想定よりも多いのはなぜか？

〈回答〉
開発に不慣れなメンバーAがアサインされており、メンバーAが開発した範囲において不具合が多かったため。メンバーAが開発した範囲外については、不具合件数は想定通りであった。

〈上司の疑問②〉
新しい外注先との契約プロセスが遅れるのはなぜか？　今後は外注先との契約プロセスが遅れることはないのか？

〈回答〉
今まで対応したことがない契約プロセスであったため。今後は専任担当者が、契約プロセスをマニュアル化するため遅れることはなくなる見込み。

第3章　進捗報告——ポイントは安心感と信頼感

このように、上司の疑問を想定して、その答えを報告内容に追加することで、上司が納得する報告を作成できるようになります。

構成パターンに沿って進捗報告を作成する

　それでは、進捗報告テンプレートの「問い」に対する「答え」に沿って進捗報告を書いてみましょう。

進捗状況
プロジェクトCの進捗率は90％で、予定より3日早く進んでいます。この結果、次のフェーズで計画している新機能のテスト開始が早まりました。

課題と対策
新機能のテストで発見された不具合が想定より多く、修正に時間がかかっています。

不具合件数が想定より多かったのは、開発に不慣れなメンバーAがアサインされており、メンバーAが開発した範囲において不具合が多かったためです。メンバーAが開発した範囲外については、不具合件数は想定通りでした。

解決策として、修正作業を 3 つのチームに分けて同時並行で進めた結果、修正スピードが約 30%向上し、納期内に完了する見込みです。

リスクと対策
今まで対応したことがない契約プロセスであったため、新しい外注先との契約プロセスが遅れる可能性があります。

これにより、製品の一部の納期が 1 週間遅れるリスクがあるため、契約締結の手続きを迅速化するために、専任担当者を配置しました。

今後は専任担当者が、契約プロセスをマニュアル化するため遅れることはなくなる見込みです。

　進捗報告の代表的な問いに対してあらかじめ用意していた回答と、上司の疑問への回答をもとに、進捗報告を作成しました。実際に書いてみるとわかりますが、上司の疑問に対する回答をどこまで盛り込むかについて悩むことがあると思います。
　もう一度、先ほどの〈上司の疑問①〉と〈回答〉を確認してみましょう。

〈上司の疑問①〉
　テストフェーズで発見された不具合が想定よりも多いのはなぜか？

〈回答〉

　開発に不慣れなメンバー A がアサインされており、メンバー A が開発した範囲において不具合が多かったため。メンバー A が開発した範囲外については、不具合件数は想定通りであった。

　この回答を聞いた上司は、さらに次のような疑問を抱く可能性があります。

〈上司のさらなる疑問〉

　開発に不慣れなメンバー A が開発した範囲において、品質強化対策は実施したのか？

　もっともな疑問ですよね？　これに対する答えについても進捗報告に追加しておいたほうがよいかもしれません。

　ただし、あまりにも隙がない報告に仕上げてしまうと上司が質問することがなくなってしまうため、あえて報告資料に書かなくてもよいでしょう。

　なぜなら、上司は部下の報告をただ聞くだけではなく、自分が質問することによって、部下がどれだけ考えているかを試したいと思っているからです。

　ですから、進捗報告には、上司が真っ先に思いつきそうな疑問に対しては答えを書いておく。それ以外の上司の疑問に対しては、報告書には書かず、答えられるように準備をしておくのがおすすめです。

　なお、上司との想定問答については、第 8 章で詳しく説明します。

第3章のまとめ

　進捗報告は、単なる「今どうなっているか?」を説明するだけでは不十分です。「現状」「課題」「リスク」「次のアクション」を含めた報告をすることで、受け手が次に何をすべきかを理解しやすくなります。

　次の2つのポイントを押さえた進捗報告を心がけましょう。

①構造的に整理する

　テンプレートを活用し、**「進捗状況」「課題と対策」「リスクと対策」**を明確に分けます。

②読み手である上司の疑問を想定し答えを用意しておく

　テンプレートを活用し、進捗報告を作成したあとに、**読み手である上司がどのような疑問を抱くか想像し、その答えを用意しておきます。**

第 **4** 章

改善提案
―― みんなの課題を解決し、
業務効率アップ！

第4章のゴール

改善提案とは、社内の課題を解決するための提案のことです。
たとえば、次のような提案が考えられます。

・残業時間を削減するための提案
・社内の作業効率化を図るための提案
・営業プロセスを統一化するための提案

つまり、個別の課題解決ではなく、社内で発生しているみんなに共通の課題を解決するための提案という意味です。

この章では、改善提案書を作成するための基本的なテンプレートと、それを補完する代表的な「問い」について学びます。

さらに、テンプレートを使って具体的な改善提案資料を作成する実践力を身につけることを目指します。この章のゴールは次の通りです。

・改善提案のテンプレートと代表的な問いを理解する
・テンプレートを活用し、読み手にとって説得力のある改善提案資料を作成
　できるようになる

改善提案のテンプレートと代表的な「問い」

改善提案の基盤となるテンプレートを以下に示します 図 04-01 。このテンプレートを活用することで、提案の整理が容易になり、説得力のある内容を構築できます。

改善提案のテンプレート

図 04-01

各セクションに対応する代表的な「問い」もあわせて確認しましょう 図 04-02 。

改善提案のテンプレートの「問い」

図 04-02

①提案の背景

　提案の背景を示す際には、**現状と理想的な状況の「ギャップ」を明確に伝える**ことが重要です。その際、数字や具体例を活用することで説得力が高まります。

　また、次の3つの「問い」に沿って答えることで、読み手と「なぜ、この提案を行なう必要があるのか」を共有でき、提案をスムーズに行な

えるようになります。

〈問い〉 読み手が目指す望ましい状況は？
〈問い〉 現状は？
〈問い〉 上記ギャップの解消に向けた読み手の疑問は？

②課題

　課題は、現状を理想に近づける上で、具体的に何が障害となっているかを特定する部分です。課題を特定するための「問い」は次の通りです。

〈問い〉 読み手の疑問への答えは？

　第3章の進捗報告においても「課題と対策」が出てきました。改めて、今回の改善提案の「問い」と比較してみましょう。

進捗報告の「②課題と対策」における「問い」（57ページ）
目標と現状の差を埋めるためにやるべきことは？

改善提案の「②課題」の「問い」
読み手の疑問への答えは？

　一見すると、異なるように思えるかもしれません。しかし、先ほどの 図04-02 の改善提案の「①提案の背景」〜「②課題」の「問い」を改めて確認すると次のようになっています。

〈問い〉読み手が目指す望ましい状況は？

〈問い〉現状は？

〈問い〉上記ギャップの解消に向けた読み手の疑問は？

〈問い〉読み手の疑問への答えは？

　このように、結局は**進捗報告の「〈問い〉目標と現状の差を埋めるためにやるべきことは？」と同じ「問い」になっている**ことがわかります。

　では、なぜ改善提案では、このように回りくどい言い回しをしているのでしょうか？　おわかりになりますか？　それは、改善提案で取り扱う「課題」は重要かつ解決が困難な課題が多いため、課題認識を丁寧にすり合わせる必要があるからです。

　提案の背景、課題の「問い」に答えていくと、次のようになります。

・あなたが目指す望ましい状況は、〇〇ですよね

・一方で現状は、▲▲ですよね

・だから、あなたは、〇〇と▲▲のギャップを埋めるために何をすればよいか知りたいですよね

・その疑問への回答は、××です

　このように、丁寧に課題認識をすり合わせることができます。

③原因

　原因では、課題で述べた「読み手の疑問への答え」に対する根拠を述べます。「問い」は次の通りです。

〈問い〉読み手の疑問への答えに対する根拠は？

　原因では、課題が発生する理由を掘り下げます。具体的なデータや事例を挙げると、課題解決の必要性がいっそう明確になります。

④対策方針

　対策方針は、課題をどのような方向性で解決するのかを示します。方針が一貫していることで、提案全体の信頼性が高まるので、ここで示す対策方針と、次に述べる対策内容は整合が取れたものにします。「問い」は次の通りです。

〈問い〉必要なアクションは？

⑤対策内容

　対策内容では、具体的なアクションプランを提示します。これにより、提案が実行可能であることを示します。次の３つの「問い」に答えます。

〈問い〉対策内容は？
〈問い〉スケジュールは？
〈問い〉コストは？

　このように対策内容だけでなく、スケジュールやコストについても述べる必要があります。

　なぜだかおわかりになりますか？

上司の立場で考えると、対策内容が良かったとしても、スケジュールやコストが条件を満たせていなければ、OK とは言えないからです。

　たとえば、営業プロセスの統一化提案において、コストが 500 万円かかるとしましょう。しかし、そもそも予算が 100 万円しか用意されていなかったら、実行不可能ですよね。

　あるいは、営業プロセスの統一化に 6 カ月かかるとしましょう。ところが、上司の意向が「1 カ月で営業プロセスの統一化を目指したい」であれば、改善提案を承認してもらえませんよね。

　このように、**スケジュールとコストは、改善提案において非常に重要な要素です。**

　こう言うと、次のように思った方もいるかもしれません。

だったら最初にスケジュールやコストを聞いておいたほうがいいのでは？

　まったくその通りです。なぜなら、提案書を書きあげてから、計画を変更すると二度手間になってしまうからです。ですから改善提案を書き始める前に、改善提案を実行する上でのスケジュールや予算を確認しておくようにしましょう。

⑥効果

　効果では、「対策を実行することでどのような効果が得られるか」を述べます。決裁者にとって、最も関心があることなので、必ず盛り込みましょう。効果に関する「問い」は次の通りです。

〈問い〉 定性的な効果、定量的な効果は？

　少なくとも定性的な効果は書くようにしましょう。

　本来は定量的な効果のほうが説得力がありますが、書けない場合もあると思います。というのも、定量的な効果を書くためには、過去に似たような対策を実行した事例がないと見当がつかず、書けないからです。もし自社の実績がない場合は、他社での実績を調査して定量的な効果を推測するなどの工夫が必要になります。

テンプレートの「問い」に「答え」を書く

　改善提案の各プロセスにおいて、代表的な「問い」に答える形で進めることで情報が整理され、相手にとってわかりやすい報告になります。以下に、「顧客満足度向上のためのコールセンター業務の改善提案」を部長にプレゼンする場合のサンプルを示します。

---

①提案の背景

〈問い〉 読み手が目指す望ましい状況は？

〈答えの例〉
本来は、顧客対応時間を 10 分以内に短縮し、クレーム率を 5%

以下にすることが目標でした。

〈問い〉現状は？

〈答えの例〉
現状は、問い合わせ対応に平均15分以上を要し、クレーム率は20%に及んでいます。

〈問い〉上記ギャップ解消に向けた読み手の疑問は？

〈答えの例〉
短時間で高品質な顧客対応を実現するにはどうすればよいかを検討してまいりました。

②課題

〈問い〉読み手の疑問への答えは？

〈答えの例〉
担当者による顧客対応のばらつきをなくす必要があると考えています。

③原因

〈問い〉読み手の疑問への答えに対する根拠は？

〈答えの例〉

過去 6 カ月のデータを分析したところ、対応時間のばらつき幅が最大で 8 倍に達している（最短 5 分、最長 40 分）ことがわかっています。また、スタッフからの聞き取り調査では「顧客対応において何を優先すべきかわからない」との声が多いです。

④対策方針

〈問い〉 必要なアクションは？

〈答えの例〉

そのため、顧客対応のプロセスを標準化し、教育体制を強化します。

⑤対策内容

〈問い〉 対策内容は？

〈答えの例〉

具体的には、標準化されたプロセスの導入と、全スタッフ対象のスキルトレーニングを実施します。

〈問い〉 スケジュールは？

〈答えの例〉

期間は、3カ月（マニュアル作成に1カ月、研修実施に2カ月）です。

〈問い〉コストは？

〈答えの例〉

コストは、合計500万円（内訳：マニュアル作成100万円、研修実施400万円）を想定しています。

⑥効果

〈問い〉定性的な効果は？　定量的な効果は？

〈答えの例〉

本対策を実施することで、顧客対応時間を短縮し、クレーム率を減らすことができる見込みです。

具体的には、顧客対応時間を10分以内に短縮し、クレーム率を5%以下にできる見込みです。

トレーニング会社によると、研修を受講した企業の80%の会社は顧客対応時間も改善前の50%以下、クレーム率を5%以下にできた実績があるそうです。

いかがでしょうか？

何となく筋が通っていそうな印象がありそうですよね。ですが、上司

の立場で考えるといくつか質問したいことがありそうです。

　たとえば、次のような疑問を抱くかもしれません。

・標準化されたプロセスとは具体的にはどのようなプロセスか？
・標準化されたプロセスにすると、なぜ顧客対応時間を10分以内に短
　縮できるのか？　なぜクレーム率を5％以下にできるのか？

　第3章でも解説しましたが、自分が作った文章を一度客観的に見てみ
るクセをつけましょう。そして、上司だったらどのような質問をしてく
るのか考えます。
　たとえば、以下のような答えを用意しておきます。

・標準化されたプロセスとは具体的にはどのようなプロセスか？

　顧客からの問い合わせ内容をAIが解析し、最適な案内方法をオペレー
タに指示をするプロセス。

・標準化されたプロセスにすると、なぜ顧客対応時間を10分以内に短
　縮できるのか？　なぜクレーム率を5％以下にできるのか？

　AIが過去の類似問い合わせ対応データから、顧客満足度の高かった
案内方法を考案し、オペレータに指示できるから。

　このように上司からの疑問に答えることで納得感のある資料を作成す
ることができます。

第4章　改善提案——みんなの課題を解決し、業務効率アップ！

構成パターンに沿って改善提案を作成する

　それでは、顧客満足度向上のためのコールセンター業務の改善提案書を例にとり、改善提案テンプレートの「問い」に対する「答え」に沿って改善提案書（プレゼン資料）を作成してみましょう（図04-03 〜 図04-07 ）。

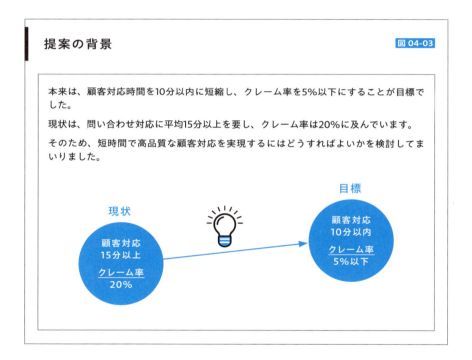

課題と原因

図 04-04

課題は、「担当者による顧客対応のばらつきをなくすこと」と考えています。

過去6カ月のデータを分析したところ、対応時間のばらつき幅が最大で8倍に達している（最短5分、最長40分）ことがわかっています。（図1）

また、スタッフからの聞き取り調査では「顧客対応において何を優先すべきかわからない」との声が多いです。（図2）

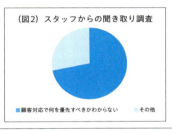

対策方針

図 04-05

顧客対応のプロセスを標準化し、教育体制を強化します。

具体的には、顧客からの問い合わせ内容をAIが解析し、最適な案内方法をオペレータに指示するプロセスを想定しております。AIが過去の類似問い合わせ対応データから、顧客満足度の高かった案内方法を考案し、オペレータに指示することができるため、目標を達成できると考えます。

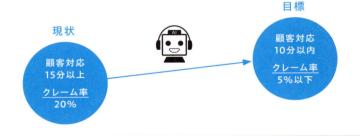

対策内容

標準化されたAIプロセスのシステム開発と、全スタッフ対象のスキルトレーニングの実施を行ないます。

スケジュールは、6カ月（システム開発4カ月、マニュアル作成1カ月、研修実施2カ月）（図3）

コストは、合計1,050万円（内訳：システム開発850万円、マニュアル作成50万円、研修実施150万円）を想定しています。（図4）

（図3）スケジュール

タスク	2024年	2025年				
	12月	1月	2月	3月	4月	5月
システム開発						
マニュアル作成						
研修						

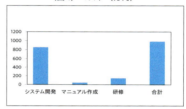

（図4）コスト（万円）

効果

本対策を実施することで、
目標の顧客対応時間を10分以内、クレーム率を5％以下を達成できる見込みです。
トレーニング会社によると、研修を受講した企業の80％の会社は顧客対応時間が改善前の50％以下、クレーム率を5％以下にできた実績があるそうです。

この実績をわが社にあてはめてみると、顧客対応時間10分以内を達成できます。（図5）

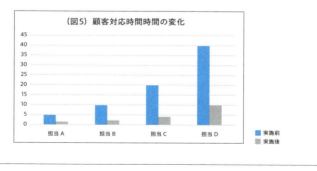

（図5）顧客対応時間時間の変化

いかがでしょうか？

それなりに説得力のありそうな提案になっていますよね。

このように文章だけでなく、図やグラフを追加することで、わかりやすい資料を作成することができます。皆さんも、資料作成時には、文字だけではなく、ぜひ図やグラフも入れるようにしてください。

図解のポイントは、文章の説明をそのまま図に置き換えて説明することです。文章の説明と図解の内容が異なると、読み手は混乱してしまうからです。

あくまで文章で書いてある表現を読み手にわかりやすく伝えるためのツールとして図を活用してください。

第4章のまとめ

本章では、改善提案を効果的に構築するための基本的なテンプレートと、そのテンプレートを活用する方法を学びました。以下に、この章で学んだ重要なポイントを整理します。

改善提案のテンプレートの活用法

提案の背景、課題、原因、対策方針、対策内容、効果という構造を明確にすることで、提案に一貫性と説得力を持たせることができます。

これにより、読み手が「なぜこの提案が必要なのか」「どう実現するのか」を直感的に理解できます。

代表的な「問い」と「答え」を活用する意義

「問い」は、読み手の心に浮かぶ疑問を先回りして洗い出したものです。提案資料内で「問い」に的確に答えることで、提案の信頼性が高まり、採用可能性が向上します。

　また、テンプレートを活用して作った改善提案に対して、上司からどのようなツッコミが入るかを想定し、論理を補強しておくことも大事です。

　改善提案は、単に課題解決の手段を提示するだけではありません。それは、読み手との信頼関係を構築し、相互理解を深めるための「交渉の場」でもあります。テンプレートを使いこなすことで、提案者としてのスキルが飛躍的に向上するでしょう。

問題と課題の違いとは？

　ここまで本書をお読みいただいた方の中には、「問題と課題の違いは何だろう？」と気になった方もいらっしゃると思います。

　改めて、問題と課題の違いについて説明します。

〈問題とは？〉

　問題とは、「現状と理想の間に存在するギャップ」を指します。

　この章で解説した「①提案の背景」の「問い」を再掲します。

・読み手が目指す望ましい状況は？

・現状は？

・上記ギャップ解消に向けた読み手の疑問は？

　上記の「読み手が目指す望ましい状況」と「現状」のギャップが問題というわけです。

〈課題とは？〉

　課題とは、「問題を解決するために克服すべき障壁や、取り組むべき具体的な要素」を意味します。

　この章で解説した「②課題」の「問い」を再掲します。

〈問い〉読み手の疑問への答えは？

「読み手の疑問」とは、「読み手が目指す望ましい状況」と「現状」のギャップ＝問題の解決方法を意味しています。つまり、改善提案では、問題点

COLUMN

を明確にした上で、解決すべき課題を提示するというステップで論理を進めているというわけです。

　改めて問題と課題の違いを整理します 図 04-08 。

	問題	課題
定義	現状と理想のギャップ	問題を解決するために克服すべき要素
例	顧客満足度が低い	問い合わせ対応のスピードを改善する
フォーカス	結果、現象	原因、取り組み
解決の方向性	現状を観察し、理想との差を分析する	原因を特定し、具体的な施策を計画する

図 04-08

　このように、問題を「現象」、課題を「解決に向けた取り組み」として切り分けることで、提案内容に具体性と説得力を持たせることができます。

　問題と課題の違いを明確に理解することは、改善提案を成功させるための第一歩です。相手の立場に立って、「何が問題か？」「それを解決するために何をすべきか？」をわかりやすく整理するスキルを磨きましょう。この区別をマスターすることで、より的確で効果的な提案ができるようになります。

第 5 章

会議アジェンダ

—— 目的・進行を明確にして
会議を超効率化!

第5章のゴール

　会議は、ビジネスやプロジェクトを推進する上で欠かせない場ですが、「時間ばかり使って結論が出ない」「何を議論するべきかわからない」といった問題を抱えることも少なくありません。

　この章では、こうした問題を解決するために会議アジェンダのテンプレートの活用法を解説します。このテンプレートを活用すれば、次のことを達成できます。

・**会議の目的や進行を明確にし、効率的な会議を実現する**
・**アジェンダに基づいて議論の結論をまとめる**

　また、次のようなスキルを習得できます。

・**テンプレートに基づき、どのような会議でも簡潔なアジェンダを作成するスキル**
・**各アジェンダに適切な「問い」を設定し、事前準備を円滑に進めるスキル**

　それでは、テンプレートと代表的な「問い」を具体的な例を交えながら解説していきます。

会議アジェンダのテンプレートと代表的な「問い」

　会議アジェンダの基盤となるテンプレートを以下に示します 図 05-01 。このテンプレートを活用することで、会議内容の整理が容易になり、スムーズに会議を進行できます。

会議アジェンダのテンプレート

図 05-01

　各セクションに対応する代表的な「問い」もあわせて確認していきましょう 図 05-02 。

会議アジェンダのテンプレートの「問い」

図 05-02

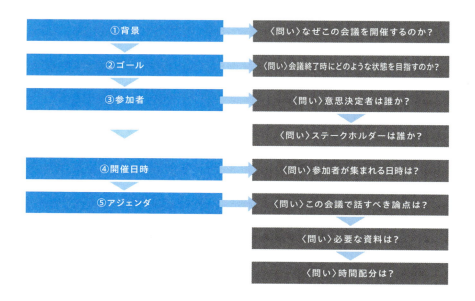

①背景

〈問い〉なぜこの会議を開催するのか?

　目的を明確にすることで、会議の必要性を全員で共有できます。この問いに答えることで、**「この会議が解決すべき課題や目的」**がはっきりします。

②会議のゴール

〈問い〉 会議終了時にどのような状態を目指すのか？

　ゴールを明確にすると、会議後の成果が具体化します。**「最終的にどうなればよいか」**を明文化しましょう。

③参加者

〈問い〉 意思決定者は誰か？

　会議の参加者を決めるにあたって、**決定権のある意思決定者を招集する**ことは必須です。

〈問い〉 ステークホルダーは誰か？

　ステークホルダーとは、簡単に言うと利害関係者のことです。会議による意思決定により、大なり小なり影響を受ける人がいると思います。
　たとえば、とある会社の営業部門の目標設定を決めるときに、開発部門の生産力も無視できないはずです。あるいは、社長から直接指示が下りてくる可能性もあるので、経営企画部門も参加する必要があるかもしれません。ですから、ステークホルダーが誰かを考え、その人たちも会議に招集する必要があるというわけです。

④開催日時

〈問い〉 参加者が集まれる日時は？

　参加者が決まったら、みんなが集まれる日時を確認し、打ち合わせを設定します。特に役員や部長などの上級者との打ち合わせの場合は、のんびりしていると相手の予定がどんどん埋まってしまうので、早めにスケジュールを確保することが肝要です。

⑤会議のアジェンダ

〈問い〉 この会議で話すべき論点は？

　論点とは「答えるべき問い」です。端的に言うと、**会議のゴールを達成するために、「確認したいこと、決めたいことは何か？」を明確にする**ということです。参加者の時間をムダにしないためにも、論点を明確にしておくことは非常に大切です。

〈問い〉 必要な資料は？

　論点を決定する上で、どんな資料を用意しておくかを考えます。
　資料なしでフリーディスカッションのように進める会議もありますが、資料があったほうが会議の生産性は確実に上がります。なぜなら、同じ情報を見ながら議論することで、認識の離齬が起きにくくなるからです。そのため、アジェンダに沿って議論を進める上で、どのような資

料を準備しておく必要があるかを考えます。

さらに、「資料を誰に用意してもらうか」も確認しておきます。たとえば、自分ではなく、ほかの人に資料を用意してもらう場合は、会議の数日前には資料準備の用意を依頼しておくようにしましょう。

〈問い〉時間配分は？

議論すべき論点、資料が決まったら、アジェンダごとの時間配分を決定します。結論を出すために十分な時間を用意しておきましょう。

テンプレートの「問い」に対する「答え」を書く

会議アジェンダの各要素について、問いに答える形で進めると、会議参加者にとってわかりやすいアジェンダになります。

以下に、新製品マーケティング戦略会議の会議アジェンダ作成の流れを示します。

①背景

〈問い〉なぜこの会議を開催するのか？

〈答えの例〉

新製品の発売日が〇月〇日に決定し、それに向けたプロモーションの詳細の終調整が必要だから。

②ゴール

〈問い〉会議終了時にどのような状態を目指すのか？

〈答えの例〉
広告開始日や予算配分を承認し、次の実施タスクを明確化する

③参加者

〈問い〉意思決定者は誰か？

〈答えの例〉
マーケティング部部長、広報部部長、経営企画部部長、製造部部長

〈問い〉ステークホルダーは誰か？

〈答えの例〉
マーケティング部企画課長、広報部広報課長、製造部開発課長

④開催日時

〈問い〉参加者が集まれる日時は？

〈答えの例〉

〇月×日　13：00 〜 14：00

⑤会議のアジェンダ：

〈問い〉この会議で話すべき論点は？

〈答えの例〉

・新製品の開発状況を確認する

・プロモーション計画を確認する

・広告開始日や予算配分などを確定する

・次回タスクと役割分担を決定する

〈問い〉必要な資料は？

〈答えの例〉

・新製品開発の進捗状況報告資料

・プロモーション計画書

・広告開始日や予算配分案

〈問い〉時間配分は？

〈答えの例〉

・新製品の開発状況を確認する　　　　15分

・プロモーション計画を確認する　　　15分

・広告開始日や予算配分などを確定する　20分
・次回タスクと役割分担を決定する　　　10分

　また、この会議で決めたいことは、次の2点です。

・広告開始日や予算配分などを確定する
・次回タスクと役割分担を決定する

　しかし、これらを決めるためには、

・新製品の開発状況
・プロモーション計画

を理解し、認識をすり合わせた上で意思決定が必要となります。
　つまり、会議のインプットとアウトプットは下の 図05-03 の関係になっています。

会議のインプットとアウトプットの関係　　　図05-03

　会議のアジェンダは、**インプットとアウトプットを意識して作ります。**

構成パターンに沿って
会議アジェンダを作成する

　それでは、テンプレートの「問い」に対する「答え」に沿って会議ア
ジェンダを書いてみましょう。

会議アジェンダ　新製品マーケティング戦略会議

【背景】
新製品の発売日が〇月〇日に決定した
発売成功に向けて、マーケティング戦略の詳細の調整が求めら
れている

【会議のゴール】
広告開始日や予算配分を承認し、次の実施タスクを明確化する

【参加者】
マーケティング部部長、広報部部長、経営企画部部長、製造部部長
マーケティング部企画課長、広報部広報課長、製造部開発課長

【開催日時】
〇月×日　13：00 − 14：00

【会議アジェンダ】
・新製品の開発状況を確認する　　　　　15分
・プロモーション計画を確認する　　　　15分
・広告開始日や予算配分などを確定する　20分
・次回タスクと役割分担を決定する　　　10分

【配布資料】
・新製品開発の進捗状況報告資料
・プロモーション計画書
・広告開始日や予算配分案

会議アジェンダはここまでできれば十分です。

あとは、会議中にどのように議論をまとめられるかにかかっています。あなたが、会議のファシリテーターとして会議を主催する立場だった場合、図05-04 のような視点を持つとよいでしょう。

発散とは、会議のステークホルダーに意見を出させるということです。ステークホルダーの意見が十分出ていないうちに結論を急ぐと必ず反発

会議の結論をまとめるためには？　　　　　　　　　図 05-04

する人が出てきます。最悪の場合、あとから結論を覆されるなどということもあります。そのため、まずは、会議のステークホルダーから十分意見を出してもらえるように、意見をうながすことが大切です。

たとえば、先述の会議の例の場合、主催はマーケティング部で、広報部、製造部メンバーを招集します。その場合、広報部、製造部それぞれの立場での意見を十分引き出すことが大切です。意見を引き出したあとは、収束にかかります。運良くステークホルダー全員の意見が一致すればよいですが、意見が対立することもよくあります。そのときの対応については、103ページのコラムで解説します。

第5章のまとめ

この章で紹介した「会議アジェンダのテンプレート」を活用することで、次のような効果を得られます。

〈会議の効率化〉

背景、ゴール、アジェンダを明確にすることで、全員が同じ方向性を共有できる。

〈会議の質が向上〉

代表的な「問い」を通じて、事前準備が十分になり、建設的な議論が可能になる。

〈実行可能なアウトプット〉

　会議後のアクションが具体化し、次のステップにスムーズに
つながる。

　次の章では、テンプレートを活用した「会議の議事録」の
作成方法を詳しく解説します。

会議で意見が対立したら?

　意見が出そろったら、意見を集約します。運良く1つの意見でまとまったのであれば、集約する必要はありません。

　反対に、意見が対立した場合はどうしたらよいでしょうか?

　意見が対立したときに確認するポイントは次の3点です。

①意見の背景にある理由を確認する
②目的の認識を合わせる
③手段を検討する

　具体例で解説します。

①意見の背景にある理由を確認する

　たとえば、マーケティング部、広報部の意見が次のように異なっていたとします。

〈マーケティング部の意見〉

「新製品のプロモーションは大々的にやるべきだ。予算を使い切りたい」

〈広報部の意見〉

「新製品のプロモーションは必要最小限に抑えるべきだ。予算は残しておきたい」

　このままだと意見は対立したままで、話をまとめることは難しそうで

す。そこで、お互いの意見の背景にある理由を確認します。

〈マーケティング部の意見の背景にある理由〉

今回の新製品は社運をかけた製品であるため、大々的にプロモーション活動を行ない、売上目標を達成したい。

〈広報部の主張の理由〉

今年はほかの製品もリリース予定であるため、今回の新製品だけにプロモーション費用をつぎ込むことはできない。

このように両者の意見の背景にある理由を確認します。

②目的の認識を合わせる

次に目的の認識を合わせます。
この場合の目的は、「新製品の売上目標を達成すること」です。
これには、マーケティング部、広報部ともに異論は出ないはずです。
なぜなら、会社として決められた目標だからです。

③手段を検討する

次に目的を達成する手段を考えます。
そしてこの手段を考えるときに重要な問いが、**「目的を達成するための最善の策は何か？を考えるための問い」**です。
この場合は「新製品の売上目標を達成するために必要なプロモーションとはどのようなプロモーションか？　またそれにかかる費用は？」と

いう問いが適切だと思われます。

　マーケティング部と広報部の主張はプロモーション費用に主眼が置かれていますが、本来は**「プロモーションが新製品の売上目標達成にどれだけ寄与できるか」を議論すべき**なのです。

　つまり、手段と目的を混同してしまっているために、意見の対立が発生していたというわけです。

　改めて、本来の目標に立ち返って、手段を考え直すことは、意見の対立解消に非常に効果的です。意見が対立したときに、ぜひ試してみてください。

第 6 章

会議議事録
―― 組織の生産性を上げるための
戦略ツール

第6章のゴール

　会議議事録は、会議で話し合った内容を正確に記録し、会議後の行動や次回の計画につなげるための重要なドキュメントです。

　ただし、単なるメモに留まらせずに、**「次の行動をうながす」仕掛けを組み込むことが求められます。**たとえば、宿題事項を責任者と期限とともに明確化する、会議の冒頭で前回議事録の宿題進捗を共有するといった工夫が挙げられます。

　この章では、議事録の役割を理解し、テンプレートを活用して効果的な議事録を作成できるようになることを目指します。

　会議議事録がなぜ重要なのか？　その意義と実際に役立つ活用方法を具体例とともに学びましょう。

　具体的には、次の２つをゴールとします。

・**会議議事録のテンプレートと、それを効果的に活用するための「問い」を理解する**
・**テンプレートをもとにした会議議事録を作成できるようになる**

　各アジェンダにおける「結論」や「宿題」を漏れなく記録し、次回までに必要な行動計画を明確にする力を養います。また、記録した内容から、次回の会議に活かせる提案を作成するスキルを身につけます。

　議事録は単なる情報の記録ではなく、組織全体の生産性向上につながるツールです。議事録を単なる業務作業と捉えず、重要な戦略ツールとして活用するためのノウハウを、具体例を交えながら解説します。これにより、会議後に実際の行動を引き起こし、成果を生み出せる会議運営を目指します。

会議議事録のテンプレートと代表的な「問い」

　議事録の質を高めるには、会議中に「どの情報をどう記録すべきか」を明確にしておくことが重要です。

　そのためには、テンプレートを活用しつつ、「①決定事項」「②宿題事項」「③次回打ち合わせ日程」の３つの要素を軸に記録を整理します 図06-01 。それぞれに適切な「問い」を準備しておくことで、内容の網羅性と質を高められます。

会議議事録のテンプレート　　　　　　　　　　　　　　　図06-01

　各プロセスに対応する代表的な「問い」もあわせて確認していきましょう 図06-02 。

会議議事録のテンプレートの「問い」

図 06-02

| ①決定事項 | → | 〈問い〉アジェンダごとの結論はそれぞれ何か？ |

〈問い〉その結論が導かれた背景は何か？

| ②宿題事項 | → | 〈問い〉アジェンダごとの宿題はそれぞれ何か？ |

〈問い〉その宿題は誰がいつまでに行なうのか？

| ③次回打ち合わせ日程 | → | 〈問い〉次回会議は開催されるか？ |

〈問い〉開催されるのであればいつか？

①決定事項

〈問い〉 アジェンダごとの結論はそれぞれ何か？
〈問い〉 その結論が導かれた背景は何か？

　会議アジェンダごとに、会議で決定された内容を漏れなく記録します。また、なぜその結論に至ったかの背景も記載することで、会議の経緯を知ることができます。

②宿題事項

〈問い〉 アジェンダごとの宿題はそれぞれ何か？

〈問い〉 その宿題は誰がいつまでに行なうのか？

　会議アジェンダごとに、会議で出た課題や次回までに準備が必要なタスクを明確にします。

③次回打ち合わせ日程

〈問い〉 次回会議は開催されるのか？
〈問い〉 開催されるのであればいつか？

　会議終了後のフォローアップを確実にするため、次回会議の詳細も明確にします。

　会議議事録はこのようにまとめます。
　担当者の会話をそのまま議事録として残す方もいますが、それでは結局何を伝えたいかが不明瞭となるため、決定事項、宿題事項、次回打ち合わせ日程を明記したあとに、会話の記録を残すようにしましょう。
　ところで、会議の宿題事項がなぜ発生してしまうのかを考えたことはありますか？

・会議で決まった方針を実行に移すための宿題事項
・会議で結論を出せなかったために、資料を作り直す宿題事項

　前者であれば、会議を開催した目的は達成していますが、後者の場合は、実質会議のやり直しですから、目的は未達です。

第6章　会議議事録──組織の生産性を上げるための戦略ツール　　111

会議のやり直しを避けるためには、事前にアジェンダを入念に作り込むこと、そして、事前資料の準備をしっかりと行なうことがポイントです。本章末のコラム（120ページ）では、事前資料を作成するポイントについて解説します。

テンプレートの「問い」に「答え」を書く

　議事録の質を高めるには、会議中に「どの情報をどう記録すべきか」を明確にしておくことが重要です。そのためには、テンプレートを活用しつつ、3つの要素を軸に記録を整理します。それぞれに適切な「問い」を準備しておくことで、内容の網羅性と質を高められます。

　ここから第5章で紹介した会議アジェンダ例の「新製品マーケティング戦略会議」の議事録の作成例を紹介します。まず第5章の会議アジェンダ例を見てみましょう。

会議アジェンダ　新製品マーケティング戦略会議

【背景】
新製品の発売日が〇月〇日に決定した
発売成功に向けて、マーケティング戦略の詳細の調整が求められている

【会議のゴール】

広告開始日や予算配分を承認し、次の実施タスクを明確化する

【参加者】

マーケティング部部長、広報部部長、経営企画部部長、製造部部長

マーケティング部企画課長、広報部広報課長、製造部開発課長

【開催日時】

〇月×日　13：00 － 14：00

【会議アジェンダ】

・新製品の開発状況を確認する　　　　　15分

・プロモーション計画を確認する　　　　15分

・広告開始日や予算配分などを確定する　20分

・次回タスクと役割分担を決定する　　　10分

【配布資料】

・新製品開発の進捗状況報告資料

・プロモーション計画書

・広告開始日や予算配分案

①決定事項

　会議で決定された内容を漏れなく記録します。この際、次のような問いを意識します。

〈問い〉アジェンダごとの結論はそれぞれ何か？
〈問い〉その結論が導かれた背景は何か？

〈アジェンダ〉
新製品の開発状況を確認する

〈具体例〉
新製品の開発状況は予定通り進んでいる。予定通りリリースできる見込みのため、プロモーションを開始して問題ない。

〈アジェンダ〉
プロモーション計画を確認する

〈具体例〉
新製品のプロモーション計画に関する議題では、SNS広告を中心としたキャンペーンを採用することで合意に至った。その理由は、ターゲット層との接触率がほかの媒体より高いと見込まれるためである。

〈アジェンダ〉

広告開始日や予算配分などを確定する

〈具体例〉
広告開始日は 2 月 1 日。キャンペーン用バナー広告の作成などで、30 万円をかける予定。

②宿題事項

会議で出た課題や次回までに準備が必要なタスクを明確にします。

〈問い〉アジェンダごとの宿題はそれぞれ何か？
〈問い〉その宿題は誰がいつまでに行なうのか？

〈具体例〉
次回までにキャンペーン用バナー広告のデザイン案を作成すること（担当：佐藤、締め切り：12 月 15 日）。さらに、キャンペーン用バナー広告を使った SNS 投稿下書きを完成させる（担当：鈴木、締め切り：12 月 20 日）。

③次回打ち合わせ日程

会議終了後のフォローアップを確実にするため、次回会議の詳細も明確にします。

〈問い〉次回会議は開催されるのか？
〈問い〉開催されるのであればいつか？

〈具体例〉
次回会議は12月25日（月）14：00〜16：00にオンラインで実施予定。使用するツールはZoomで、リンクは会議前日までに共有する。議題は、キャンペーン用バナー広告を使ったSNS投稿下書きを確認する。

「問い」を明確にすることで、記録内容に漏れや曖昧さがなくなり、議事録が実行可能な指針としての役割を果たすようになります。

それでは、テンプレートの「問い」に対する「答え」に沿って会議議事録を書いてみましょう。

会議議事録　新製品マーケティング戦略会議

会議名：新製品マーケティング戦略会議
日時：2024年12月12日（木）10:00〜12:00
場所：社内会議室A

【参加者】

マーケティング部部長、広報部部長、経営企画部部長、製造部部長
マーケティング部企画課長、広報部広報課長、製造部開発課長

【背景】

新製品の発売日が〇月〇日に決定した。
発売成功に向けて、マーケティング戦略の詳細の調整が求められている。

【会議のゴール】

広告開始日や予算配分を承認し、次の実施タスクを明確化する。

【会議アジェンダ】

・新製品の開発状況を確認する　　　　15分
・プロモーション計画を確認する　　　15分
・広告開始日や予算配分などを確定する　20分
・次回タスクと役割分担を決定する　　10分

【決定事項】

・新製品の開発状況

新製品の開発状況は予定通り進んでいる。予定通りリリースできる見込みのため、プロモーションを開始して問題ない。

・プロモーション計画

SNS広告を中心としたキャンペーンを採用することで合意に

至った。

その理由は、ターゲット層との接触率がほかの媒体より高いと見込まれるためである。

・広告開始日や予算配分

広告開始日は2月1日。キャンペーン用バナー広告の作成などで、30万円をかける予定。

【宿題事項】

・キャンペーン用バナー広告のデザイン案を作成する（担当：佐藤、締め切り：12月15日）。

・キャンペーン用バナー広告を使ったSNS投稿下書きを完成させる（担当：鈴木、締め切り：12月20日）。

【次回打ち合わせ日程】

・次回会議は12月25日（月）14：00〜16：00にオンラインで実施予定。使用するツールはZoomで、リンクは会議前日までに共有する。

・議題は、キャンペーン用バナー広告を使ったSNS投稿下書きを確認とする。

いかがですか？

会議に出席していない人にも伝わる内容だと思いませんか？

会議議事録のテンプレートは、決定事項、宿題事項、次回打ち合わせ日程のみとなっていましたが、会議アジェンダの内容も付け加えることによって、会議に参加していない人にも伝わる議事録を作成することができます。

第6章のまとめ

会議議事録の目的は、単なる情報の記録にとどまらず、会議後の行動を促進し、次回の成果につなげることです。

会議中に「①決定事項」「②宿題事項」「③次回打ち合わせ日程」という3つの重要な要素を的確に整理することで、議事録の質を大幅に向上させることができます。

議事録を作成する際のポイントを振り返りましょう。

・簡潔かつ正確に記録する
・次回の会議や行動計画に直結する内容とする

次回の会議では、このテンプレートを使って議事録を作成してみましょう。それがあなた自身のスキル向上だけでなく、チーム全体の成功にも寄与するはずです。

会議で結論を出すための定石

結論が出ない会議ほど残念なものはありません。なぜなら、「会議参加人数×会議時間」の時間を喪失したことにほかならないからです。これに会議参加者の人件費をかけると、失ったコストの大きさがわかるでしょう。

たとえば、新製品マーケティング戦略会議の参加者は7名で、各人の時給を8000円とした場合、1時間あたり5万6000円分のコストがかかるということです。

会議で結論を出せないということは、ムダなコストを使ったことと同じです。さらに、参加メンバーのモチベーション低下にもつながるため、深刻な問題です。

それでは、会議で結論を出すためにどうしたらよいのでしょうか？
次の2つが必須となります。

・論点を明確にしておく
・論点に対する適切な答えを準備しておく

論点を明確にするためには？

第5章でも解説しましたが、論点とは「答えるべき問い」です。端的に言うと、**会議のゴールを達成するために「確認したいこと、決めたいことは何か？」を明確にする**ということです。

もう少し補足すると、会議のゴールを達成するために、会議の参加者がどういう思考プロセスをたどれば、ゴールまで納得しつつ、たどりつ

けるかを想像するということです。

下の 図06-03 をご覧ください。会議に参加している人の立場で、どういう思考プロセスをたどれば、会議のゴールを達成できるかを示しています。

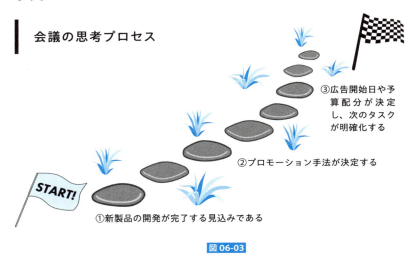

会議の思考プロセス

① 新製品の開発が完了する見込みである
② プロモーション手法が決定する
③ 広告開始日や予算配分が決定し、次のタスクが明確化する

図06-03

まずは、新製品の開発が完了する目途が立っているのか？

これは前提条件ですね。そもそも新製品の開発が完了できなければプロモーションを実行することができませんから。

次に、プロモーションの手法を何にするのか？

一口にプロモーションと言っても複数のプロモーション手法があるわけですから、今回の新製品開発にはどんなプロモーション手法が適切かを決める必要があります。

最後に、決まったプロモーション手法に沿って、広告開始日や予算配分を決定します。

このように、会議に参加する人の思考プロセスを想像しながら、どうしたら会議の参加者が納得できるかを考えると適切な論点を抽出しやすくなります。

論点に対する適切な答えを準備しておくためには？

論点に対する適切な答えを準備しておくためには、複数の対応案を適切な評価軸で評価しておく必要があります。なぜなら、1つの対応案だけだと会議の参加者の納得感を得られないからです。

プロモーション手法を決定する上で、以下のような対応案が出てきたらどう思いますか？

・プロモーションの手段
　テレビCM
・プロモーションの期間
　2週間
・プロモーションにかけられる予算
　3000万円

これを聞かされた参加者の多くが「対応案としてはわかるけれど、この情報だけだと適切かどうか判断できない」と思うのではないでしょうか。

そうならないためにも、**論点の答えを用意するときは、複数案を用意**

するのが定石です。そして、複数案を同じ評価軸で評価した上で、どの案が最もおすすめかを明示します。

たとえば、プロモーションの案であれば、下の **図06-04** のように３つの案について評価軸に沿って、評価をするイメージです。

対応案のサンプル

図06-04

おすすめ

	案1 TV CM		案2 SNS広告		案3 雑誌広告	
広告効果	低い	×	高い	○	高い	○
リーチできる人数	300万人	○	100万人	△	30万人	×
ターゲット人数	50万人	○	30万人	△	10万人	×
予算	5000万円	×	50万円	○	300万円	○
総合評価（※）	4点		6点		4点	

（※）○：2点、△：1点、×：0点で集計

人は、1つの案だけ出されると、「本当にそれでいいのかな？」と懐疑的になりますが、複数の案を提示されると「どれがいいかな？」という思考になりやすいからです。

そして判断基準が納得できるものであり、かつ、判断基準の評価も適切であれば、自分がおすすめの案に対して、会議参加者も納得しやすくなります。

対応案のサンプルでは、プロモーション手法を「広告効果」「リーチできる人数」「ターゲット人数」「予算」という評価軸で評価しています。

事前に資料を用意するときは、このように論点に対して複数の回答を用意しておくことをおすすめします。

第 7 章

企画提案書(プレゼン資料)
―― 共感、信頼、納得、決断の4ステップで
人を動かす!

第7章のゴール

　この章では、社内提案ではなく、社外の顧客に対して行なう提案を扱います。顧客への提案は、単なる情報提供や説明ではなく、相手の心を動かし、行動をうながすための重要なスキルです。

　特に、プレゼンテーションが「契約」「導入」「意思決定」に直結するビジネスシーンでは、相手の心を変化させるストーリー性が不可欠です。

　この章では、社内プレゼンと社外プレゼンの違いを理解し、相手の心を動かすための4つのステップとテンプレートを用いた具体的な提案方法を学びます。

　あなたがこの章を読み終える頃には、次のことができるようになっているはずです。

・**社内と社外のプレゼンで重視すべきポイントが理解できる**
・**相手の心を動かす「共感」「信頼」「納得」「決断」の4ステップを習得できる**
・**提案のテンプレートを使って、実践的な提案資料を作成できる**

　これにより、どのような相手に対しても、説得力のあるプレゼンを行なえます。それでは、さっそく学びましょう。

社内プレゼンと
社外プレゼンの違い

　社内プレゼンと社外プレゼンで求められることは異なります。具体的には次の通りです　図 07-01　。

社内プレゼンと社外プレゼンで求められること　　　　　図 07-01

社内／社外プレゼン共通で求められること	社外プレゼンで求められること
聞き手の心をつかむ ロジカルであること	ストーリーを伝える 共感／信頼を築く

　まずは、社内／社外プレゼンの両方で求められることから、解説します。

聞き手の心をつかむ

　聞き手が最初の１分間で「興味深い」と感じるかどうかが勝負です。そのために、次のような導入を活用します。

〈事例1〉驚きのデータを提示

　たとえば、食品業界のプレゼンテーションでは「日本人の食品ロスは年間612万トン、これは毎日1人あたり茶碗1杯分のご飯を捨てている計算です」などというデータを提示し、聞き手の注意を引きます。

〈事例2〉共感を生むエピソード

　IT業界向けのプレゼンで、「作業が煩雑すぎて、毎週2時間の残業が発生している」といった、聞き手が共感できる具体例を出すと効果的です。

　このような導入から入ることで、聞き手はあなたの話を聴こうという心がまえができます。

ロジカルであること

　聞き手にあなたの提案を納得してもらうためには、聞き手が納得できる論理が必要です。

〈事例〉SaaS企業の提案

「なぜ当社のツールが最適なのか」を、次の順番で示すことで、納得感を高めます。

①現状（課題の規模とインパクト）
②解決策（導入プロセスと成果）
③証拠（導入企業の成功事例）

このような論理構成で説明することで、聞き手の納得感を醸成します。「聞き手の心をつかむ」「ロジカルであること」は、社内プレゼンと社外プレゼンのどちらにも必要です。

次に、社外プレゼンにおいて特に求められることについて解説します。

ストーリーを伝える

社内プレゼンは、ロジカルであれば伝わりますが、社外プレゼンでは、単なるデータや情報の羅列とロジックだけでは聞き手の心をつかむことはできません。ストーリーを伝えることが重要です。

〈事例〉教育業界のプレゼン

「授業の準備に時間を取られる教師が、自社のツールを使うことで生徒と向き合う時間が増え、成績向上に直結した」というストーリーを語ります。

このように、提案にストーリーを加えることで、聞き手に「自分たちにもできるかもしれない」という高揚感を抱かせることができます。

共感／信頼を築く

社内プレゼンでは、提案を行なうこと自体に異を唱える人はほとんどいないでしょう。そして、どう実行すればよいかを一緒に考えてくれるはずです。なぜなら、それが会社のためになると共通認識があるからです。

一方で、顧客向けの企画提案では、そもそもあなたの提案を受け入れ

る必要があるか懐疑的に思っています。

　つまり、最初は相手に信用されていないため、「共感」と「信頼」を築くことが最優先です。

〈事例〉 新規顧客へのプレゼン

　新規取引先に対しては、「なぜこの提案が提案先の会社に適しているのか？」を入念に説明し、実績やデータをもとに信頼を得ることが鍵です。

　次に、相手の心を動かす4つのステップを確認していきましょう。

相手の心を動かす4つのステップ

　先述した通り、顧客向けの企画提案では、ストーリーを伝えつつ、共感／信頼を築く必要があります。そのために必要なステップは 図07-02 の通りです。

相手の心を動かす4つのステップ　　　　　　　　　　　図07-02

①共感

　プレゼンを成功させる第一歩は、聞き手の課題を正確に理解し、それを共有することです。

〈事例〉製造業界への提案
「現在の在庫管理システムでは、リアルタイムでデータが更新されないため、過剰在庫や欠品が発生していませんか？」という問いかけで課題を共有します。

②信頼

「この人の提案は信頼できる」と思わせるには、実績や証拠を提示することが不可欠です。

〈事例〉建設業界向け提案
「当社の施工管理ツールを導入した企業の95％が、納期短縮とコスト削減を達成しています」と具体的なデータを示します。

③納得

　相手が「これならうまくいきそうだ」と感じるために、他社優位性やメリットを強調します。

〈事例〉物流業界への提案
「当社の物流最適化ツールは、他社製品に比べて運送コストを平均15％削減します。その理由はAIを活用したルート最適化機能にあります」と具体的な差別化ポイントを述べます。

 ④決断

　最後に、提案後の未来像を描き、相手が行動を起こしたくなる状況を作り出します。

〈事例〉教育業界向け提案
「このツールを導入すれば、教師は事務作業から解放され、生徒1人1人に向き合う時間が増えます。これが、未来の教育の姿ではないでしょうか？」と、提案後の未来像を描き、相手が行動を起こしたくなる状況を作り出します。

　この4つのステップに沿って説明をすることで、顧客に「この商品・サービスを購入してもよいかな」という気持ちを喚起させることができます。
　大まかな構成はご理解いただけたと思います。次に、①共感、②信頼、③納得、④決断のパートで具体的に何を伝えるかについて解説します。

プレゼンのストーリーに
盛り込むべき要素

　プレゼンのストーリーを効果的に構築するためには、①共感、②信頼、③納得、④決断の４つの要素を段階的に盛り込むことが重要です。それぞれの要素を具体的に掘り下げ、どのように活用すれば効果的か解説していきます。

①共感:「相手の抱えている課題」「課題の原因」「解決策」

　プレゼンの冒頭で最も重要なのは、聞き手の心をつかむことです。そのためには、**相手が抱えている課題に対して共感を示す**ことがポイントになります。課題を共有することで、「このプレゼンは自分たちに関係がある」と感じてもらえます。

　そして、**課題の原因、解決策**と続けることで、相手の共感を得ることを目指します。

　■具体的なアプローチの例

　「〇〇業界では、現在△△のような課題が広く認識されています」

　「この課題の原因として考えられるのは□□であり、多くの企業が苦戦しています」

第 7 章　企画提案書（プレゼン資料）——共感、信頼、納得、決断の 4 ステップで人を動かす！　　133

「そこで、私たちは□□を解決するための具体的な方法を開発しました」

こうした構成で話すことで、聞き手に「このプレゼンは自分たちの課題に応えてくれるものだ」という期待感を与えられます。

②信頼：「商品・サービスの実績」

次は「この人の話を聞いてみよう」と思わせるために信頼を得るステップです。ここでは、**具体的な実績や事例を示す**ことで、あなたや提供するサービスが信用に値するものであることを証明します。

■効果的な内容の例

〈数値データ〉
「このサービスは、リリース以来 100 社以上に導入され、平均で 20％のコスト削減を実現しました」

〈具体的な成功事例〉
「私たちのお客様の△△社では、このサービスを活用し、□□という課題を解決しました」

〈賞や評価〉
「また、□□賞を受賞したことからも、業界内で高く評価されています」

実績を提示することで、聞き手は「この解決策には実績がある」「信頼してもよさそうだ」と感じます。

③納得：「他社優位性」「商品・サービスの機能」「メリット」

次に進むべきは、「これが最適な解決策だ」と納得してもらうことです。**他社と比較して自社の優位性を強調しつつ、具体的な機能やメリットを説明します。**

■強調ポイントの例

〈他社との違い〉
「ほかの解決策が□□であるのに対し、私たちの方法は△△です」

〈具体的な機能〉
「たとえば、この機能を使うことで□□が簡単に行なえます」

〈得られるメリット〉
「結果として、生産性が〇％向上し、年間△△万円のコスト削減が可能です」

聞き手はここで、「この解決策は合理的だ」と確信を深めていきます。

④決断:「未来像」「商品・サービスにこめた想い」

　最後に、聞き手に行動を促すためには、**未来への希望や共感を刺激する要素**が欠かせません。商品やサービスを導入したあとのポジティブな未来像を描き、さらに提供者としての「想い」を伝えることで、感情的なつながりを築きます。

■未来像の描き方や想いの伝え方の例

〈未来像の描き方〉
「このソリューションを導入することで、○○業界はより持続可能で効率的な未来を迎えられます」

「私たちが目指すのは、□□という世界です」

〈想いの伝え方〉
「このサービスは、私たち自身の□□という経験から生まれたものです」

「そのため、私たちはこの解決策に強い想いをこめて開発しました」

　感情に訴えかけることで、聞き手の心を動かし、行動へのあと押しができます。

〈ストーリー構築の流れ〉

①共感で課題と解決策の必要性を伝え、聞き手の関心を引く
②信頼で具体的な実績を提示し、安心感を提供する
③納得で他社との違いや具体的なメリットを説明し、選ぶ理由を明確に
　する
④決断で未来の希望を描き、行動への扉を開く

　この流れを意識してストーリーを構築すれば、聞き手が「共感し、信頼し、納得し、決断する」というプロセスを自然にたどれるようになります。

企画提案のテンプレートと
代表的な「問い」

　ここまでお読みになった方の中には、「企画提案はけっこう複雑だな……」と難しそうに感じた方もいらっしゃるかもしれません。
　確かに、ほかの資料に比べて難易度は高いのですが、この節で紹介する代表的な「問い」に答えを用意していけば、ほかの資料と同様に比較的簡単に作成できるので、ご安心ください。
　まずは、企画提案のテンプレートを確認しましょう 図07-03 。

企画提案のテンプレート 図 07-03

このストーリーで企画書を作成していきます。

続いて、企画提案のテンプレートの代表的な「問い」を確認しましょう 図 07-04 。

企画提案のテンプレートの「問い」

図 07-04

①課題	〈問い〉課題のインパクトを伝える数値は何か？
	〈問い〉数値のインパクトはどれくらいあるのか？
	〈問い〉現状のままとした場合のデメリットは？
②原因	〈問い〉課題の原因を一言で言うと？
③解決策	〈問い〉課題を解決する自社の商品・サービスは？
④実績	〈問い〉商品・サービスの実績を数字で表現すると？
⑤他社優位性	〈問い〉顧客側の決裁者が重視するポイントは？
⑥自社商品・サービスの機能・特徴	〈問い〉現状のデメリット解消につながる機能・特徴は？
⑦メリット	〈問い〉現状のデメリットがどのように解消されるのか？
⑧未来像	〈問い〉商品・サービスを導入することで得られる明るい未来とは？
⑨商品・サービスにこめた想い	〈問い〉商品・サービスのコンセプトは？

第7章　企画提案書（プレゼン資料）——共感、信頼、納得、決断の4ステップで人を動かす！　　139

📋 ①課題

　課題とは、問題を解決するために克服すべき障壁や、取り組むべき具体的な要素のことでしたね。

　社内向けの改善提案では、背景で問題（＝理想と現状のギャップ）を明らかにし、問題に対する解決の方向性を課題として設定しました。

　企画提案においては、顧客の重い腰を動かさなくてはいけませんから、最初の課題設定で聞き手の心をつかむ必要があります。

　そのため、次のような問いへの答えを用意します。

〈問い〉顧客に課題のインパクトを伝える数値は何か？
〈問い〉数値のインパクトはどれくらいあるのか？
〈問い〉現状のままとした場合のデメリットは？

　要するに**現状を否定し、「このままだとまずいですよ」**という意識を持たせる必要があるというわけです。

📋 ②原因

　顧客向けの課題の原因については、単刀直入に「これが原因です」とズバッと言い切ることが大事です。ある意味、顧客もわかっていることを代弁するような形ですね。そのための「問い」は次の通りです。

〈問い〉課題の原因を一言で言うと？

③解決策

　顧客向けの解決策は、自社の商品・サービスになります。「問い」は次の通りです。

〈問い〉課題を解決する自社の商品・サービスは？

④実績

　顧客向けの提案において、**自社の商品・サービスの実績を伝えることは必須です。** 特に取引実績のない新規顧客の場合、最初は信用や信頼がほとんどない状態から提案を始めるからです。
　信用や信頼を得るために、自社の商品・サービスの実績を紹介します。また、誰しもが確認できる実績、たとえば、受賞歴などがあると有利になります。「問い」は次の通りです。

〈問い〉商品・サービスの実績を数字で表現すると？

⑤他社優位性

　実績まで確認できた顧客が次に知りたくなるのは、他社の商品・サービスと比べたときのメリットです。だからこそ、複数社に見積提案を求めるコンペを実施する会社が多いわけですね。
　比べて何が優れているのかは訴える必要があります。

そして訴えるべきは、**顧客の決裁者が重視するポイント**です。

つまり、提案を行なう前に、顧客の決裁者が何を重視しているかを把握しておく必要があるということです。「問い」は次の通りです。

〈問い〉顧客側の決裁者が重視するポイントは？

⑥自社商品・サービスの機能・特徴

次に自社商品・サービスの機能・特徴について述べます。

自社商品・サービスの機能・特徴を述べるときは、課題で提示した**現状のデメリットが解消される**ことを訴求しましょう。「問い」は次の通りです。

〈問い〉現状のデメリット解消につながる機能・特徴は？

⑦メリット

自社商品・サービスのメリットは、カタログに書いてあるようなことをそのまま伝えるのは NG です。あくまでも顧客の課題が解消されることにフォーカスして伝えることが大切です。

具体的には、自社商品・サービスによって**現状のデメリットがどのように解消されるか**について述べます。「問い」は次の通りです。

〈問い〉現状のデメリットがどのように解消されるのか？

⑧未来像

　自社商品・サービスを導入した結果、顧客にどんなに明るい未来が待っているのか？　リアリティを持ってイメージできるような未来像を示します。「問い」は次の通りです。

〈問い〉商品・サービスを導入することで得られる明るい未来とは？

⑨商品・サービスにこめた想い

　最後に、自社商品・サービスにこめた想いを伝えましょう。「なぜ自分たちはその商品・サービスを開発したのか」──必ずコンセプトがあるはずです。

　プレゼンテーションのストーリーをそのコンセプトに重なるように設計してください。それによって初めて顧客の心を動かすプレゼンができるようになるからです。このときの「問い」は次の通りです。

〈問い〉商品・サービスのコンセプトは？

企画提案の全体構成例

　改めて企画提案の全体構成例を確認してみましょう。

■企画提案の全体構成例

1. 課題・デメリット提示

　１日あたり３時間。これが現在の御社の業務で発生している付加価値につながらない業務です。デメリットとしては、〇〇、□□が挙げられます。

2. 原因の特定

　この課題の主な原因は□□です。

3. 解決策の提示

　私たちの提供する〇〇は、この課題を解決する最適な方法です。

4 & 5. 実績と他社優位性の強調

　実績として〇〇を達成しており、競合製品よりも□□が優れています。

6. 自社商品・サービスの特徴

　自社商品の特徴は、〇〇を提供することができることです。

7. メリットの説明

　これにより、〇〇が解消され、□□のような効果が得られます。

8. 未来像の描写

私たちとともに、□□の未来を実現しませんか？

9. 想いを共有し、行動をうながす

私たちは□□の想いをこめてこの商品を開発しました。一緒に挑戦してみませんか？

このテンプレートを使えば、課題から未来像まで一貫性を持った企画提案が可能になります。

テンプレートの「問い」に「答え」を書く

それでは、今まで学んできた内容をもとに法人向け営業に課題を抱えているA社に「新規顧客獲得コスト削減のソリューション」を提案する企画提案例を紹介します。

①課題

〈問い〉 顧客に課題のインパクトを伝える数値は何か？
〈問い〉 数値のインパクトはどれくらいあるのか？
〈問い〉 現状のままとした場合のデメリットは？

現在、貴社が直面している最大の課題は「新規顧客獲得コストを減らすこと」です。この課題のインパクトを数字で表すと、1件あたりの顧客獲得コスト（CAC）が過去3年間で20％増加しています。この増加は営業部門の負担を高めるだけでなく、全体の利益率を15％低下させる要因となっています。

現状のままこの課題を放置した場合、次のようなデメリットが発生します。

利益率のさらなる低下：5年以内に全体利益率が25％減少する可能性があります。
競争力の喪失：競合他社が提供するサービスのコスト効率に追いつけず、市場シェアを失うリスクがあります。
成長機会の逸失：限られたリソースが新規施策に割けなくなり、成長戦略が停滞します。

②原因

〈問い〉課題の原因を一言で言うと？

この課題の主な原因は、「ターゲット顧客に対する効果的なアプローチ手法が確立されていない」ことです。具体的には、見込み客データの分析が不十分で、適切なマーケティングチャネルが特定されていない点が挙げられます。

③解決策

〈問い〉課題を解決する自社商品やサービスは？

> この課題を解決するために、当社では**「ターゲット顧客特化型マーケティングソリューション」**をご提案します。このソリューションは、AI を活用した顧客データ分析とパーソナライズ広告配信の 2 つを柱としています。

④実績

〈問い〉商品・サービスの実績を数字で表現すると？

> 当社のソリューションはすでに多くの企業で採用されており、以下のような成果を上げています。
>
> ・平均顧客獲得コストを **30%削減**
> ・新規顧客獲得率を **25%向上**
> ・利益率を **20%改善**

⑤他社優位性

〈問い〉顧客の決裁者が重視するポイントは？

本提案の最大の特徴は、「貴社のターゲット顧客のニーズを正確に把握し、マーケティング活動を最適化する能力」です。

貴社が重視する「顧客獲得コスト削減」に対し、当社のソリューションは短期間で成果を出すだけでなく、継続的な改善を可能とします。

⑥自社商品・サービスの機能・特徴：

〈問い〉現状のデメリット解消につながる機能・特徴は？

AI ベースのデータ分析ツール
現状のデメリット 1（利益率の低下）を解消するため、顧客データから収益性の高いターゲット層を迅速に特定します。

パーソナライズ広告配信機能
デメリット 2（競争力の喪失）を解消する、効果的で魅力的な広告配信を実現します。

リソース最適化ダッシュボード
デメリット 3（成長機会の逸失）を解消する、リソース配分の可視化と効率化を提供します。

⑦メリット

〈問い〉現状のデメリットがどのように解消されるのか？

これらのソリューションにより、以下の効果が期待されます。

利益率の向上：利益率が20%以上改善され、経営基盤が強化されます。

競争力の回復：ターゲット顧客層へのアプローチが効率化し、競合他社を凌駕します。

新たな成長機会の創出：リソースに余裕が生まれ、新規市場開拓が可能になります。

⑧未来像

〈問い〉商品・サービスを導入することで得られる明るい未来とは？

当社のソリューションを導入いただくことで、貴社は次のような明るい未来を実現できます。

顧客基盤の拡大：持続的に増加する新規顧客
市場シェアの拡大：競合他社に対する明確な優位性
安定した利益成長：経営戦略に基づく中長期的な利益の増大

⑨商品・サービスにこめた想い：

〈問い〉商品・サービスのコンセプトは？

> 当社は、「企業の成長を支援するパートナー」として、お客様にとっての本質的な価値を追求しています。ただのツール提供にとどまらず、真のビジネスパートナーとしてともに課題を乗り越え、成功への道を築くことを目指しています。

いかがですか？　なかなか説得力のある提案となっていると思いませんか？

しかし、ここで終わらせてはいけません。クライアント担当の立場になってどんなツッコミを入れてきそうかを想像してみましょう。

たとえば、以下のような指摘をしてくる可能性があります。

1. 現状の課題とデータについて

Q：「新規顧客獲得コスト（CAC）が増加している」とおっしゃいますが、その具体的な数値はどのように測定されましたか？　信頼できるデータですか？

2. 提案する解決策の合理性について

Q：「ターゲット顧客特化型マーケティングソリューション」でCACを削減できる根拠は何ですか？

3. 現状維持した場合のリスクについて

Q：もしこの提案を採用しない場合、どのようなリスクがありますか？それを数値で示せますか？

4. 他社との違いと具体的な優位性
Q：類似したソリューションは他社にもあると思います。貴社製品の具体的な優位性は何ですか？

5. 導入後のROI（投資対効果）について
Q：このソリューションを導入した場合、具体的な投資対効果はどれくらいですか？

これらの想定問答も加味した実際の企画書を見てみましょう。

構成パターンに沿って企画提案資料を作成する

今まで考えてきた内容をもとに、A社向けに「新規顧客獲得コスト削減のソリューション」を提案する企画書を掲載します 図07-05 ～ 図07-14 。

新規顧客獲得コスト削減のソリューション提案　図 07-05

【課題】

貴社が直面している最大の課題は「**新規顧客獲得コストを減らすこと**」です。

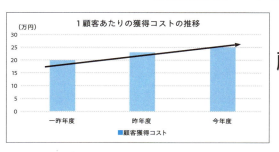

新規顧客獲得コスト削減のソリューション提案　図 07-06

【課題】

現状のままでは、以下のデメリットが発生します。

利益率のさらなる低下：**5年以内に全体利益率が25％減少する可能性**
競争力の喪失：競合他社が提供するサービスのコスト効率に追いつけず、**市場シェアを失うリスク**
成長機会の逸失：限られたリソースが新規施策に割けなくなり、**成長戦略が停滞**

- 全体利益25％減
- 市場シェア失う
- 成長戦略停滞

新規顧客獲得コスト削減のソリューション提案　　図 07-07

【原因】

原因は、「**ターゲット顧客に対する効果的なアプローチ手法が確立されていない**」ことです。

具体的には、見込み客データの分析が不十分で、適切なマーケティングチャネルが特定されていない点が挙げられます。

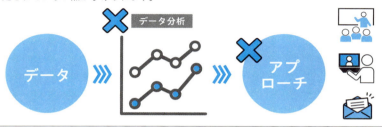

新規顧客獲得コスト削減のソリューション提案　　図 07-08

【解決策】

課題を解決するために、「ターゲット顧客特化型マーケティングソリューション」をご提案します。

AIを活用した顧客データ分析とパーソナライズ広告配信の2つを柱としています。

　　　ターゲット顧客特化型マーケティングソリューション

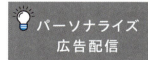

新規顧客獲得コスト削減のソリューション提案　　図 07-09

【実績】

当社のソリューションはすでに多くの企業で採用されており、以下のような成果をあげています

・平均顧客獲得コスト**30%減**
・新規顧客獲得率**25%増**
・利益率**20%増**

顧客獲得
コスト
30%減

新規顧客
獲得率
25%増

利益率
20%増

新規顧客獲得コスト削減のソリューション提案　　図 07-10

【他社優位性】

本提案の最大の特徴は、

「**貴社のターゲット顧客のニーズを正確に把握し、マーケティング活動を最適化する能力**」です。

貴社が重視する「顧客獲得コスト削減」に対し、当社のソリューションは短期間で成果を出すだけでなく、継続的な改善を可能とします。

顧客
ニーズ
把握

最適な
ポジショ
ニング

最適な
価値提供

新規顧客獲得コスト削減のソリューション提案　　図 07-11

【自社商品・サービスの機能・特徴】

AI ベースのデータ分析ツール：**利益率の低下**を解消するため、顧客データから**収益性の高いターゲット層を迅速に特定**します。

パーソナライズ広告配信機能：**競争力の喪失**を解消する、**効果的で魅力的な広告配信**を実現します。

リソース最適化ダッシュボード：**成長機会の逸失**を解消する、**リソース配分の可視化と効率化**を提供します。

新規顧客獲得コスト削減のソリューション提案　　図 07-12

【メリット】

これらのソリューションにより、以下の効果が期待されます。

利益率の向上：**利益率が20%以上改善され、**経営基盤が強化されます。
競争力の回復：**ターゲット顧客層へのアプローチが効率化**し、競合他社を凌駕します。
新たな成長機会の創出：リソースに余裕が生まれ、**新規市場開拓が可能**になります。

利益率
20%
改善

アプローチ
効率化

新規市場
開拓可能

新規顧客獲得コスト削減のソリューション提案　　図 07-13

【未来像】
当社のソリューションを導入いただくことで、貴社は次のような明るい未来を実現できます。

顧客基盤の拡大：持続的に増加する新規顧客。
市場シェアの拡大：競合他社に対する明確な優位性。
安定した利益成長：経営戦略に基づく中長期的な利益の増大。

- 顧客基盤拡大
- 市場シェア拡大
- 安定した利益成長

新規顧客獲得コスト削減のソリューション提案　　図 07-14

【商品・サービスにこめた想い】
当社は、「企業の成長を支援するパートナー」として、お客様にとっての本質的な価値を追求しています。ただのツール提供にとどまらず、真のビジネスパートナーとしてともに課題を乗り越え、成功への道を築くことを目指しています。

提案の本編はスライドごとに何を伝えたいのかをビジュアルでわかりやすく伝える工夫が必要です。

　そして、前節で検討した想定問答については、企画書の本編ではなくAppendix（付録）として、質問に対する回答を用意しておきます（図 07-15 〜 図 07-19 ）。

Appendix 1.現状の課題とデータについて　　図 07-15

Q: 新規顧客獲得コスト（CAC）が増加していると言いますが、
　その具体的な数値はどのように測定されましたか？　信頼できるデータですか？

A: 新規顧客獲得コストは、過去 3 年間の営業・マーケティング費用と新規顧客数の比
　率から算出しています。具体的には、総費用が年平均で 12% 増加し、新規顧客数が
　5% 減少しているため、結果として CAC が 20% 増加したことが判明しました。この
　データは貴社の財務レポートおよびマーケティング分析レポートに基づいています。

Appendix 2.提案する解決策の合理性について

図 07-16

Q: ターゲット顧客特化型マーケティングソリューションでCACを削減できる根拠は何ですか？

A: 本ソリューションは、AIによる顧客データ分析とパーソナライズ広告配信を組み合わせたもので、既存のクライアントで以下の実績をあげています

- 平均CACを30%削減。
- 新規顧客獲得率を25%向上。
- 全体の利益率を20%改善。これらの結果は、貴社と類似した課題を抱える企業を対象にした導入事例で得られたものです。

  これにより、同様の改善が期待できます。

Appendix 3.現状維持した場合のリスクについて

図 07-17

Q: もしこの提案を採用しない場合、どのようなリスクがありますか？ それを数値で示せますか？

A: 現状を維持した場合、以下のリスクが予測されます

- 利益率の低下：5年以内に全体利益率が25%減少する可能性があります。
- 市場シェアの喪失：競合他社がより低コストな顧客獲得戦略を用いることで、貴社の市場占有率が年間2%ずつ減少すると推定されます。
- 成長機会の逸失：リソース不足により新規市場への参入が困難になり、3年間での売上成長率が20%停滞すると考えられます。

Appendix 4.他社との違いと具体的な優位性　　図 07-18

Q: 類似したソリューションは他社にもあると思います。貴社製品の具体的な優位性は何ですか？

A: 他社との違いは以下の点です

1. 精度の高いターゲット選定：AI を活用し、顧客データを迅速かつ詳細に分析します。これにより、収益性の高いセグメントを短期間で特定可能です。
1. 継続的な改善：リソース最適化ダッシュボードにより、マーケティング施策の効果をリアルタイムで測定し、戦略を柔軟に調整できます。
1. 短期的効果と長期的改善：導入後 3 カ月以内に成果が現れ、1 年を通して効果が持続する設計になっています。これにより、同様の改善が期待できます。

Appendix 5.導入後のROI（投資対効果）について　　図 07-19

Q: このソリューションを導入した場合、具体的な投資対効果はどれくらいですか？

A: 貴社の現在の CAC 増加率や利益率の低下をもとにシミュレーションした結果、以下の効果が見込まれます

- 投資回収期間：6 か月以内。
- 1 年間での CAC 削減額：全体のマーケティング費用の約 15%。
- 利益率改善幅：1 年後に 15%、3 年後に 20% 増加。

　プレゼンするときは本編のみで話を進め、質疑応答で該当する質問が出た場合は、Appnedix（付録）の該当スライドを表示しながら説明します。

第 7 章のまとめ

　この章では、「企画提案」の本質と具体的な進め方について学びました。以下にポイントを整理します。

1. 社内プレゼンと社外プレゼンで求められること

　共通点として、いずれも「聞き手の心をつかむ」「ロジカルな展開」が不可欠です。相違点として、社外プレゼンでは「信用ゼロから始まる」という前提があり、共感／信頼の構築がより重要になります。

2. 相手の心を動かす 4 つのステップ

　企画提案では、聞き手の心境を次の順番で変化させる必要があります。

①共感→②信頼→③納得→④決断

　このステップを意識することで、聞き手の「行動変容」をうながすことができます。

3. 企画提案のストーリー構築

ストーリーには、次の4つの要素をバランスよく組み込むことが重要です。

①共感：相手の課題や原因を深く理解し、解決策を示す
②信頼：商品・サービスの実績や事例を提示する
③納得：他社にない優位性や具体的なメリットを伝える
④決断：商品やサービスを選ぶことで得られる未来像を描く

4. 企画提案テンプレートの活用

テンプレートは、「課題→原因→解決策→実績→他社優位性→メリット→未来像→想い」という構成です。各ステップで「問い」に答える形で内容を整理すれば、説得力のある企画提案資料が完成します。

この章で紹介したテンプレートと具体的な「問い」は、実践に役立つツールです。これらを使いこなすことで、聞き手の心に響く企画提案資料を効率良く作成できるようになります。

COLUMN

ストーリーに盛り込みたい2つの要素

　企画提案の成否を分けるのは、**聞き手の心にどれだけ「残る」**かです。聞き手の記憶に焼きつけて、心を動かすためには、ただ情報を正確に伝えるだけでは不十分です。ここでは、ストーリーを強化する2つの重要な要素を紹介します。

1.記憶に残る「キラーフレーズ」

「キラーフレーズ」とは、聞き手の心に刺さり、長く記憶に残るインパクトのある一言を指します。優れたキラーフレーズは、聞き手の頭の中で繰り返し再生され、忘れられないものとなります。

〈キラーフレーズの条件〉

・シンプルでわかりやすい

　難解な言葉や専門用語は避ける。

・具体的である

　抽象的すぎる表現ではなく、数字やイメージが浮かぶ表現。

・感情に訴える

　安心感、あるいは危機感など、感情を喚起する言葉を盛り込む。

〈事例〉

「このサービスを導入すれば、1年後には業務時間が20％削減されます」

「このまま現状を放置すれば、あなたの競合は次の一手を打ってきます」

　こうしたフレーズを効果的に配置することで、聞き手に「ほかとは違う」と思わせる強い印象を与えられます。

2.一瞬でロジックを伝える「公式」

　もう1つの要素は、「公式」を使って論理を一目で理解させることです。公式は、複雑な概念をシンプルな形で整理し、説得力を高めます。

〈公式の特徴〉

・要素を明確に定義
　問題解決に必要な構成要素を図やシンプルな数式で示す。

・流れを示す
　因果関係や成果の具体的なプロセスを視覚的に伝える。

・汎用性がある
　ほかの文脈でも応用できるシンプルな形を意識する。

〈例〉成果を出すプレゼンの公式　図 07-20

成果を出す公式　図 07-20

　この公式は、企画提案の成功に必要な要素を整理したものです。「1つでもゼロがあると成果は得られない」という直感的なメッセージを伝えます。

ビジュアルで示す

　公式は、グラフやフローチャートと組み合わせることで、さらに理解が深まります。たとえば、信頼の要素を「実績」と「具体性」の2つに分解し、それぞれの事例を簡潔に提示すると効果的です　図 07-21 。

「キラーフレーズ」で記憶に残し、「公式」で瞬時にロジックを伝える——この2つの要素を組み込むことで、聞き手は提案の内容をより深く理解し、共感しやすくなります。結果として、聞き手の心を動かし、行動につながる説得力が生まれます。

信頼を構成する要素

図 07-21

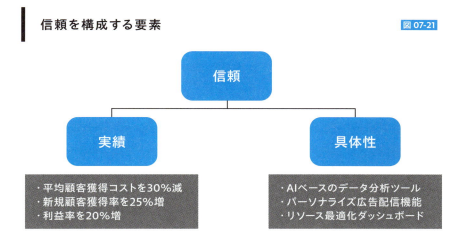

次に企画提案資料を作るときは、これらの要素を意識しながら構成を練ってみてください。たった一言の工夫や、1枚の図が、提案の成功を大きく引き寄せる鍵になるでしょう。

第 8 章

上司、顧客への想定問答

—— 提案・報告を却下されないための
リスクヘッジ

第8章のゴール

　この章では、上司や顧客からの質問や指摘に対して適切に答える準備を整え、信頼性を高めるための「上司、顧客への想定問答」について学びます。

　この章では、次の3つのゴールを達成することを目指します。

①なぜ上司、顧客への想定問答が必要かを理解する

　たとえば、新しいマーケティング施策を提案した場合、上司や顧客から「この施策がほかの方法より優れている理由は何？」「過去に似た事例で成功したデータはある？」といった質問が返ってくることがあります。これらに答えられないと、上司や顧客からの信頼を失い、提案を却下される可能性があります。想定問答を通じて、事前に答えを準備することで、そうしたリスクを回避できます。

②上司、顧客への想定問答のやり方を理解する

　あなたが新規プロジェクトのリーダーとしてプレゼンテーションを行なう場面を想像してください。資料に書かれていない詳細について、「このプロジェクトにはどれくらいのコストがかかるのか？」「そのコストを削減する別の手段はないのか？」などと突っ込まれることは日常茶飯事です。

　であれば、コスト試算表や代替案をあらかじめ準備しておけば、上司や顧客の関心を引きつけ、提案を前に進めることが可能です。この章では、こうした質問に備える具体的なプロセスを詳しく説明します。

③上司、顧客への想定問答の結果、資料を修正できるようになる

　想定問答を実施した結果、「ROI（投資対効果）の計算が曖昧だ」「リスクマネジメントが不十分だ」といった指摘を受けた場合、それらの改善点を資

料に反映し、より説得力のある資料を仕上げるスキルを身につけます。

　たとえば、ROI については詳細な計算プロセスを追加し、リスクマネジメントについては、対応策を図解で説明するページを新たに作成するなどの修正が必要になるでしょう。

　この章では、まず「なぜ上司への想定問答が必要なのか？」という背景について深掘りします。失敗例と成功例を交えながら、その重要性を考えていきましょう。

なぜ上司や顧客への
想定問答が必要なのか？

　上司や顧客への提案や報告を成功させるためには、想定される質問に対して事前に答えを準備しておくことが不可欠です。これは単に「質問に答えられるようにしておく」という表面的な準備ではありません。

　上司や顧客が求める視点や関心事を深く理解し、それに基づいた納得感のある回答を用意することで、提案の通過率を飛躍的に高めることができます。この節では、上司や顧客への想定問答が必要とされる理由を2つの観点から掘り下げます。

①テンプレートの「問い」は あくまで一般的なもの

　多くの提案や報告には一定の「型」が存在します。その型に応じて、上司から寄せられる質問もある程度パターン化されています。

　本書でも、各種資料の「型」である文書・資料のテンプレートを紹介してきました。そして、テンプレートを使えば、一定レベルの文書・資料を作成することはできます。しかし、テンプレートで網羅できる「問い」には限界があります。

　たとえば、以下のような場面では類似した疑問が出ることが多いです。

〈新規プロジェクトの提案〉
　このプロジェクトはわが社にとってどのような価値をもたらすのか？

〈コスト削減案の報告〉

　ほかの部門にはどのような影響が出るのか？

〈新規採用の提案〉

　その採用が事業成長にどのように寄与するのか？

　これらの質問は、上司や顧客であれば当然思い浮かぶ疑問です。

　しかし、想定問答を準備していない場合、突発的な質問に対して動揺し、不十分な回答をしてしまうことがあります。

　だからこそ、本書でも繰り返し述べてきていますが、上司や顧客があなたの報告を聞いたときにどのような疑問を思い浮かべるのか想像することが大切なのです。

　とはいえ、どのように想像すればよいかわからない方も多いでしょう。そんな方のために、次の節では上司や顧客への想定問答のやり方を詳しく解説します。

②上司、顧客のタイプによって関心事が異なるから

　上司、顧客の性格や役職、部門によって、関心を持つポイントや疑問点は大きく異なります。一律に想定問答を準備するのではなく、上司、顧客の関心事に合わせたカスタマイズが必要です。

　上司、顧客のタイプを大まかに分類すると、**図 08-01** のような違いが見られます。

上司、顧客のタイプ

図 08-01

指示型
指示を出すことに長けており、タスクやプロジェクトを明確に指示し、部下に従わせることを重視

コーチング型
部下の成長や能力開発に注力。サポートやフィードバックを提供することに重点を置く

ビジョン型
長期的な目標やビジョンを持ち、それを部下に示し、共有することを重視

感情型
感情や人間関係に敏感であり、部下の感情やニーズに共感し、コミュニケーションを重視

委任型
部下に権限と責任を委任し、自己管理能力を高めることを重視

論理型
論理的思考やデータに基づく判断を好み、意思決定に科学的なアプローチをとる

　上司、顧客の疑問は予測可能なものが多いとはいえ、上司、顧客のタイプごとに求められる回答の質や方向性はだいたい決まっています。

　かつての私の上司はビジョン型でした。その上司の口癖は、「本来あるべき姿は何？」でした。

　たとえば、現状を踏まえた提案を持っていくと、必ず言われるのが「本来あるべき姿は何？」という質問。その答えを用意した上で、現状の課題を踏まえどうすべきかを説明しないと決して納得しないタイプでした。

　このように、上司、顧客のタイプを見極めることは非常に大事です。

そして、**上司、顧客のタイプを見極めるためには、上司、顧客を観察することが必須です。**「この上司、顧客は何に関心があるのか？」を観察するのです。

　一番良い方法は、上司、顧客の会議での発言内容に着目することです。自分に向けられた言葉に限定する必要はありません。

　部下や同僚が発言する内容に対して、上司、顧客はどのような反応をするのか。観察してみてください。観察することによって、彼らの関心事がわかってくるはずです。

　上司、顧客の関心事を把握しておくことは、資料作成を成功させる上で非常に重要なポイントですので、覚えておいてください。次の節では、具体的に「上司、顧客への想定問答のやり方」を学び、どうすれば確実な準備ができるのかを解説します。

上司、顧客への想定問答のやり方

　上司、顧客への想定問答を成功させるためには、上司が求める情報や視点を事前に徹底的に分析し、具体的な回答を準備する必要があります。

　この準備を通じて、提案の説得力を高め、承認を得る可能性を大幅に向上させることができます。本節では、以下の２つのステップに分けて、想定問答の具体的な方法を解説します。

①上司が気にする3つの重要ポイントから想定問答を行なう
② ChatGPTを活用して想定問答をシミュレーションする

①は、上司への想定問答となります。
②は、上司、顧客両者への想定問答となります。
これらの手順を実践することで、上司、顧客からの鋭い質問にも余裕を持って対応できるようになるでしょう。

①上司が気にする3つの重要ポイントから想定問答を行なう

上司が関心を持つ質問は、主に次の3つのポイントに集約されます 図 08-02 。

上司が気にする3つの重要ポイント 　図 08-02

- 効果はある？
- 本当にできる？
- 会社の方針と合っている？

上司が気にする3つの重要ポイントは、本書で紹介した「進捗報告」や「改善提案」の想定問答を行なうときに有効です。「進捗報告」や「改善提案」を作ったあとに3つの重要ポイントで想定問答をやってみてください。

それぞれの視点から想定される質問を具体的に洗い出し、準備することが、効率的で実践的な想定問答の基本です。

1.効果はある？

　上司が提案を承認する上で最も重要視するのは、**その提案が会社にどのような利益や価値をもたらすのかという点です。**この疑問に答えられないと、どれだけ情熱的に提案しても説得力に欠け、承認を得られる可能性は低くなります。

　改善提案資料のテンプレートでも取り上げましたが、効果には定性的な効果と定量的な効果があります（77ページ）。特に定量的な効果を説明できるようにしましょう。

　そして、「なぜその定量的な効果があるといえるのか」という根拠や、効果を検証する方法についても言及しておく必要があります。

　なぜなら、上司から「効果が出ることはわかったけれど、どうやって効果を測定するの？」と返ってくることが想定されるからです。

「効果はある？」に対する「問い」は次の3つです。

①定量的な効果は？
②根拠は？
③効果を検証する方法は？

　具体例を挙げます。

　たとえば、新しい製品ラインを提案する場合、次のような具体的なデー

タを用意して回答します。

①定量的な効果は？

〈回答例〉

「この製品の導入により、初年度で売上が15％増加すると試算しています」

②根拠は？

〈回答例〉

「他社の類似製品では、同様の施策により市場シェアが10％拡大した事例があります」

③効果を検証する方法は？

〈回答例〉

「効果検証のため、発売後6カ月間、月次で売上データを追跡し、成功要因を分析します」

2.本当にできるのか？

　提案がどれだけ有益でも、実行可能性が低ければ意味がありません。実現に必要なリソースやリスク対策について、具体的なプランを示すことが重要です。

「本当にできるのか？」に対する「問い」は次の4つです。

①リソースは十分か？

提案を実行するために必要な人員、スキル、設備などを明確化し、不足分をどう補うかを説明します。

②予算はどれくらい必要か？

コスト試算を詳細に行ない、費用対効果をわかりやすく提示します。

③期間はどれくらい必要か？

実施スケジュールを具体的に示し、現実的なタイムラインであることを説明します。

④リスクへの対策は十分か？

潜在的なリスクを洗い出し、それぞれに対する対応策を具体的に示します。

「進捗報告」や「改善提案」を作ったあとにこの4つの質問を自分自身に投げかけてみてください。「進捗報告」「改善提案」ともに、課題への対応策への問いかけになります。

具体例を挙げます。

新しいシステムを導入する場合、「このシステムの導入には6カ月を要しますが、導入後1年で投資回収が見込めます」といった具体的なスケジュールと財務計画を提示します。

また、「リスクとして、従業員のスキル不足が想定されますが、トレーニング期間を設けて対応します」といった対策も説明します。

3.会社の方針と合っているのか?

　どれだけ効果的で実現可能な提案でも、会社の方針や長期戦略に反していれば採用されることはありません。提案が会社の価値観や目標にどのように貢献するかを示す必要があります。

「会社の方針と合っているのか?」に対する「問い」は次の2つです。

①課題の捉え方は適切か?

　提案が解決する課題が、会社の優先課題に直結していることを説明します。

②対策の捉え方は適切か?

　提案が会社の戦略や理念に合致していることを示し、具体例を挙げて説明します。

　会社の方針は、四半期や半期に一度ぐらいの頻度で定期的に共有されると思いますので、必ず確認しておくようにしましょう。

　具体例を挙げます。

「このプロジェクトは、当社が掲げる『持続可能な成長』の理念に沿ったものであり、環境負荷を削減しながら競争優位性を高めます」といった説明ができれば、上司からの支持を得やすくなります。

　以上が、上司が気にする3つのポイントに沿った想定問答のやり方です。次にChatGPTを活用した想定問答について解説します。

ChatGPTを活用した
想定問答のシミュレーション

　ChatGPTを活用することで、想定問答を効率良く準備できます。特に、上司や顧客のタイプや質問傾向をシミュレートするのに非常に有効です。

 1. 上司や顧客のタイプを把握する

　まずは、読み手である上司や顧客のタイプがどのタイプに近いかを確認します。下の 図08-03 のどのタイプに近いか考えてみてください。

上司、顧客のタイプ　　　　　　　　　　　　　　　　　　　　　　　図08-03

指示型 指示を出すことに長けており、タスクやプロジェクトを明確に指示し、部下に従わせることを重視	**コーチング型** 部下の成長や能力開発に注力。サポートやフィードバックを提供することに重点を置く
ビジョン型 長期的な目標やビジョンを持ち、それを部下に示し、共有することを重視	**感情型** 感情や人間関係に敏感であり、部下の感情やニーズに共感し、コミュニケーションを重視
委任型 部下に権限と責任を委任し、自己管理能力を高めることを重視	**論理型** 論理的思考やデータに基づく判断を好み、意思決定に科学的なアプローチをとる

2.ChatGPTで想定問答を行なう

　次に、ChatGPT を活用して、上司のタイプに合わせた質問をシミュレーションします。たとえば、第4章で例示した「顧客満足度向上のためのコールセンター業務の改善提案」について、想定問答をやってみましょう。まずは、以下のようなプロンプトを作り、依頼します。

＃改善提案の想定問答
・顧客満足度向上のためのコールセンター業務の改善提案の想定問答をしたい。以下の「上司のタイプ」の上司が「提案書の内容」に質問してきそうなことを教えて

＃＃上司のタイプ
・指示型の上司

＃＃提案書の内容
（※提案書の内容をコピー＆ペーストする）

　すると ChatGPT から次のような回答が返ってきます。

以下は「指示型の上司」が「提案書の内容」に対して質問してくる可能性のある事項です。指示型の上司は具体性や実行可能性、コスト対効果などに重点を置く傾向があります。

1. 提案の背景について
「なぜ現在の対応時間が 15 分以上かかっているのか、具体的な原因は何ですか？」
「クレーム率が 20％に達している具体的な要因は何ですか？」

2. 課題について
「担当者間のばらつきをなくすために、具体的にどのような方法を考えていますか？」
「ばらつきが顧客満足度にどの程度影響していると考えていますか？」

3. 原因について
「対応時間のばらつきが 8 倍もあるのは異常ですが、具体的にどの部分で時間がかかっていますか？」
「スタッフが『何を優先すべきかわからない』とのことですが、具体的にはどのような状況ですか？」

4. 対策方針について
「プロセスの標準化とは具体的にどのような内容ですか？」
「教育体制の強化について、どのような具体策を考えていますか？」

5. 対策内容について
「標準化されたプロセスの導入手順を詳しく教えてください」
「スキルトレーニングの具体的な内容と実施方法は？」

「マニュアル作成に 1 カ月、研修に 2 カ月としていますが、スケジュールは現実的ですか？」
「コスト 500 万円の内訳について、詳細を説明してください」

6. 効果について
「研修を受けた企業の 80％が改善したとのことですが、具体的な事例を教えてください」
「当社でも同様の効果が得られる根拠は何ですか？」
「顧客対応時間が 10 分以内に短縮できる具体的な手段は？」
「クレーム率を 5％以下にするための具体的な施策は何ですか？」

その他の一般的な質問
「この提案を実行することでほかの業務にどのような影響がありますか？」
「リスク管理はどのように行ないますか？」
「提案の優先順位はほかの改善策と比べてどうですか？」
「成功の評価基準は何ですか？」

これらの質問に対する準備を整えることで、指示型の上司との打ち合わせやプレゼンテーションをスムーズに進めることができるでしょう。

　すごいですよね。すべての想定問答に対して回答を用意する必要はないですが、この中からいくつか選定し、回答を用意しておくことはとて

も有益です。

　さらに、ChatGPTに回答を考えさせることもできます。そのときのプロンプトは次の通りです。

> 上記に対して回答を用意して

するとChatGPTからは次のような回答が返ってきます。今回は一部を掲載します。

> 質問1：
> 「なぜ現在の対応時間が15分以上かかっているのか、具体的な原因は何ですか？」
>
> 回答：
> 現在の対応時間が15分以上かかっている主な原因は、対応プロセスの標準化が不十分であることと、スタッフ間でのスキルや知識のばらつきにあります。具体的には、各スタッフが独自の対応方法を取っており、情報の共有や統一された手順が欠如しているため、問題解決に時間がかかっています。また、複雑な問い合わせに対する対応方法が統一されていないため、対応時間が大幅に増加しています。
>
> 質問2：
> 「クレーム率が20％に達している具体的な要因は何ですか？」

回答：
クレーム率が20％に達している要因として、主に以下の点が挙げられます：

対応の遅延：
平均対応時間が長いため、顧客の待ち時間が増加し、不満が高まっています。

対応の質のばらつき：
スタッフ間で対応スキルに差があり、一部の対応が不十分で顧客の期待に応えられていません。

コミュニケーション不足：
顧客とのコミュニケーションが一貫しておらず、誤解や情報不足がクレームにつながっています。

問題解決の不備：
顧客の問題を迅速かつ効果的に解決できていないため、再度の問い合わせや不満が発生しています。

　もちろん、この回答が合っているかはわかりませんが、少なくとも参考にはなります。このように、ChatGPTを使うことで、上司や顧客からの想定問答を行なうことはとても簡単にできるようになります。間違いなく使ったほうがよいと断言できます。

想定問答の結果を踏まえて
文書・資料を修正する

　想定問答を実施したあと、その結果をどのように資料に反映するかが提案成功の鍵となります。ここでは、想定問答の結果を最大限に活用して、資料の完成度を高めるプロセスについて詳しく解説します。資料修正のポイントを理解し、上司が納得しやすい形にブラッシュアップする方法を学びましょう。

①想定問答の結果を反映する必要性

　上司との対話をシミュレーションすることで、提案の曖昧な部分や上司が関心を持ちやすいポイントが明確になります。しかし、想定問答を行なっただけでは不十分です。そこで得られた気づきを提案資料に反映させ、資料そのものを「上司からの質問に答えられる形」に進化させる必要があります。

〈具体例〉

　想定問答で、「ROI（投資対効果）の計算が不十分」という指摘を想定できた場合、それに対応する補足資料を追加します。これにより、上司が質問する前に必要な情報を資料でカバーでき、説明の負担が軽減されます。

②修正が必要な場合と不要な場合の見極め

　すべての想定問答の結果を資料に反映する必要はありません。修正が必要なケースと不要なケースを見極め、効率的に資料をブラッシュアップしましょう。

1. 修正が必要な場合
　次のようなケースでは、資料の修正が必須です。

〈重要なデータや情報が不足している場合〉
　例：売上見込みやコスト試算など、提案の説得力に直結するデータが不足している。

〈上司が特に関心を持つポイントが弱い場合〉
　例：リスク管理の具体策やKPI（重要業績評価指標）が曖昧で、上司が安心できない状態になっている。

〈提案の論理構成に穴がある場合〉
　例：問題の原因と解決策の関係性が明確に示されていない。

　また修正する場合に、本編を修正するのか、Appendix（付録）に情報を付加するのかという選択もあります。

　本編は、全体の流れをわかりやすく伝えるという役目を持っています

から、「全体の流れに加えるべきか？」で判断するのがよいと思います。たとえば、上記の例の場合であれば、提案の論理構成に穴がある場合には、本編を修正する必要があります。

　一方で、重要なデータや情報が不足している場合、上司が特に関心を持つポイントが弱い場合については、Appendix（付録）の追加でよいと思います。

2. 修正が不要な場合
　次のような場合は、資料の修正を省略しても問題ありません。

〈対話中に口頭で説明すれば十分な内容の場合〉
　　例：想定される質問が簡易的で、資料に追加するほどの重要度がない
　　　　場合。

〈上司や顧客がその分野をあまり重視していない場合〉
　　例：論理型の上司に対し、感情的な訴求を補強する資料を作成しても
　　　　無意味な場合がある。

第 8 章のまとめ

　本章では、上司への提案や報告を成功させるために必要な「想定問答」の重要性と実践方法について解説しました。提案内容の説得力を高めるためには、上司が持つ疑問や懸念を事前に予測し、それに答える形で資料や準備を進めることが不可欠です。

　この取り組みを通じて、単なるアイデアを「実現可能な提案」へと昇華させることができます。

　上司への想定問答が必要な理由は大きく 2 つありました。

①資料テンプレートの「問い」は一般的なものだから

　上司や顧客が抱く疑問にはパターンがあり、それを予測することで的確な準備が可能です。だからこそ、資料テンプレートを用意することができるわけです。一方で、上司や顧客が抱く疑問を完全にパターン化することは難しいため、想定問答が必要となります。

②上司のタイプによって関心事が異なるから

　上司、顧客の性格や役職、部門によって、関心を持つポイントや疑問点は大きく異なります。一律に想定問答を準備するのではなく、上司の関心事に合わせたカスタマイズが必要だからです。

想定問答をどのように行なうかを学ぶ

　想定問答を実施する具体的な手法として、次の2つのステップを解説しました。

①上司が気にする3つの重要ポイントに基づいた想定問答
「効果はあるのか」「本当にできるのか」「会社の方針と合っているのか」という3つの視点から上司の疑問を予測し、十分な準備を行なう。

② ChatGPT を活用したシミュレーション
　ChatGPT を活用して上司の質問を想定し、それに対する回答例を生成することで、効率的かつ網羅的な準備が可能になります。ChatGPT を用いることで、第三者的な視点からの意見を取り入れることもできます。

想定問答の結果を活用して
資料をブラッシュアップする

　想定問答で浮き彫りになった課題や不足点を資料に反映させることで、提案の完成度を高める方法についても解説しました。

　資料修正の必要性を見極め、重要な情報を補足することで、上司が安心して提案を承認できるようにします。

　修正後の資料は、簡潔で要点を押さえた内容にまとめ、上

司の関心を引きつけやすい構成に仕上げることが大切です。

　この章で学んだ内容を実践することで、以下の成果を得ることができます。

・上司や顧客からの信頼を得られる

　事前準備の徹底により、上司からの疑問に的確に答えることができ、信頼感を向上させることができます。

・提案の通過率が向上する

　想定問答を通じて資料の完成度を高めることで、上司に「この提案は実行する価値がある」と思わせる説得力を備えられます。

・資料作成やプレゼン能力が向上する

　想定問答を繰り返すことで、自然と資料作成や論理的なプレゼンのスキルも向上します。

　ですから、資料作成を行なったあとは必ず想定問答を行なうようにしましょう。

文書・資料作成でスキルアップ

　ここまで読んでいただきありがとうございます。文書・資料作成に対して私が思っていることを述べさせていただきます。

　あなたは、仕事のスキルを高めるために何が一番近道かを考えたことありますか？

　私は、若い頃は、資格を取得することが一番効果があると考えていました。特に、中小企業診断士の勉強をしていたときは、仕事のスキルが上がったように感じました。しかし、長年仕事をする中で、中小企業診断士の勉強で培った知識やスキルが役立ったという感覚をあまり持てなかったのです。

　ということで、少しずつ考え方が変わってきました。

　そして、たどり着いた結論は、文書・資料作成スキルを磨くことこそが、仕事のスキルを高めるために最も効果があるということでした。

　文書・資料作成とはそもそも、相手に自分が期待した行動をうながすためのものです。仕事に必要な次のようなスキルが詰まっているからです。

・物事の本質を見抜きわかりやすくまとめる論理思考
・他人にわかりやすく伝えるプレゼンテーション能力
・相手の要求を理解する傾聴力
・相手の要求と、自分の要求のバランスをとる交渉力

　ですから、仕事のスキルを高めるためには、資格を取得するよりも、職場での文書・資料作成を積極的に引き受け、場数を踏むことをおすす

めします。

　ただし、作成を単純に繰り返していてもスキルはなかなか上がりません。何事も同じですが、基礎を固めないと成長するのに時間がかかってしまいます。

　その基礎こそが、本書で紹介したテンプレートを活用することと想定問答を行なうことです。

　本書の内容を職場で実践することで、仕事のスキルアップを図っていきましょう！

おわりに

　最後までお読みいただき、ありがとうございました。本書では、文書・資料の作成に悩むすべてのビジネスパーソンに向けて、私が長年磨き続けた技術をあますところなくお届けしました。

　文書・資料作成には、多くの人が頭を悩ませますが、決してセンスや才能が必要なものではありません。それよりも、正しい手法とちょっとした工夫を身につけることが重要です。そうすれば誰でも確実に「伝わる文書・資料」を作ることができます。

　本書でお伝えした内容は、決して難しいものではなかったはずです。メールのテンプレート、進捗報告の流れ、改善提案の構成、会議アジェンダのポイント、企画提案のコツ——どれもシンプルで実践的なものばかりです。これらを1つずつ自分のスキルにしていけば、文書・資料作成は「苦痛な作業」から「ビジネスを動かす武器」へと変わります。

　たとえば、以下のような変化を想像してみてください。

・上司から「この資料、わかりやすいね」「次もお願い」と信頼されるようになる
・顧客から「この提案、納得感がある」と高く評価される
・会議であなたが作成したアジェンダや議事録が、スムーズな進行とチーム全体の効率化に貢献する

文書・資料作成のスキルは、あなたのキャリアを加速させる強力な武器になるのです。

振り返りとさらなる成長へ

　本書では、「テンプレートの活用」を中心に、効率的で成果があがる文書・資料作成術をお伝えしました。ここで、もう一度本書のポイントを簡単に振り返ってみましょう。

文書・資料作成の目的を理解する
　文書・資料は、「読み手に期待する行動をしてもらうため」に作るものです。そのためには、読み手の「問い」に的確に「答え」を返す必要があります。

テンプレートを活用する
　メール、進捗報告、改善提案、企画提案など、よく作成する文書・資料には「王道テンプレート」があります。それを活用することで、短時間で正確に作成できます。

作成のプロセスを守る
　「問い」を把握し、「答え」「根拠」「具体例」を順序立てて整理し、図解や箇条書きで視覚的に伝える。このプロセスを踏むことで、わかりやすい文書・資料が完成します。

上司やクライアントへの想定問答を行なう

　完成後に、「相手視点」でツッコミどころを想定し、それに備える。この一手間が、「伝わる文書・資料」の鍵です。

行動こそ成功への第一歩

　ここまで読んで、「なるほど」と思っていただけたなら、ぜひ今すぐに実践に移してみてください。たとえば、明日作成するメールにテンプレートを適用してみるだけでもかまいません。あるいは、次の進捗報告や会議アジェンダに、本書で紹介したポイントを取り入れてみてもいいでしょう。最初は少し面倒かもしれませんが、繰り返していくうちに、あなたの文書・資料の作成スキルは確実に向上します。

　そして、その結果をぜひ感じ取ってください。上司や同僚、クライアントの反応が変わる瞬間を体験することで、自信が生まれ、さらに改善する意欲が湧いてくるはずです。

　文書・資料の作成はゴールのないスキルですが、そのぶん伸びしろも無限大です。本書で紹介したテンプレートや手法を活用し、さらに自分なりの工夫を加えていけば、あなたの文書・資料は「伝わる」を超えて「人を動かす」力を持つようになるでしょう。

本書があなたのスキルを磨く手助けになれば幸いです。そして、ぜひこれからも試行錯誤を続けながら、自分だけの文書・資料作成術を追求してください。そうすれば、資料作成があなたの最強の武器となり、ビジネスの成功をあと押しする力となるでしょう。

　あなたが作る文書・資料が、仕事の現場を変え、人を動かし、ビジネスを前進させることを心から願っています。

2025年4月　まさしお

特典　テンプレートのプレゼント

本書で学んだ内容を実践するためにも、テンプレートが手元にあったほうが格段にやりやすいですよね。そこで、本書を手に取ってくださったお礼に、テンプレートを差し上げます。テンプレートは、文書・資料ごとのテンプレートとサンプルを用意しております。
テンプレートの申し込みは左のQRコードからお願いします。

まさしお

東京工業大学大学院修了。専攻は電気電子工学科。
現在、一部上場の大手コンサルティング会社に勤務。ITコンサルティングに従事。会社の激務に翻弄されつつ、上司に認められ、効率的に成果をあげる方法を真剣に考える。上司に評価されるポイントは、資料作成、説明などアウトプットに関する業務が多いと気づき、アウトプットの質を上げて同僚と差をつけることに取り組む。この本業で培ったノウハウを電子書籍出版やSNSで発信。2024年末時点で全16冊のKindle書籍を出版。文書・資料作成に関するものは4冊(合計で118万PV)。そのうち2冊はAmazonでベストセラーを獲得。

Xでもぜひ、つながりましょう！

爆速ビジネス・ライティング

2025年4月18日　第1版第1刷発行

著者	まさしお
発行所	WAVE出版
	〒136-0082　東京都江東区新木場1-18-11
	Email　info@wave-publishers.co.jp
	URL　http://www.wave-publishers.co.jp
印刷・製本	中央精版印刷

©Masashio 2025 Printed in Japan
ISBN978-4-86621-502-0
落丁・乱丁本は小社送料負担にてお取りかえいたします。
本書の無断複写・複製・転載を禁じます。
NDC336　196p　21cm

WAVE出版の本

「会社に育ててもらえない時代」に
自分を育てる!

好評
発売中!

残酷な働き方改革の時代を勝ち抜くための武器

自分を育てる
「働き方」
ノート

池田紀行

スキル、お金、やりがい、自由を手に入れるための自己投資戦略

自分の価値を上げるのは
"圧倒的な努力"だけ

"育ててもらえない時代"に経験値を稼ぐ/
最強の人材に育つためのセルフ働き方改革

✓ 悩んだら「自分が大きくなるほう」を選ぼう
✓ 上司の「時間」ではなく「仕事」を奪う
✓ 身につけたい分野の本は10冊同時に読む

上司・先輩が仕事を教えてくれない…
会社の将来・給与に期待できない…
将来のキャリアがイメージできない…

不安と不満を解消!

WAVE出版

残酷な働き方改革の時代を勝ち抜くための武器
自分を育てる「働き方」ノート

池田紀行・著

成長したい!

仕事ができるようになりたい!

でも、何からはじめたらいいのかわからない!?

そんなあなたに

・自己成長するための仕事への向き合い方、

・具体的な仕事への取り組み方

・効率的な自己投資の方法

・正しいキャリア戦略

を教えます!

定価1760円(税込)　ISBN9784866214467

> WAVE出版の本

電通のコンセプト・デザイナーが明かす、
「人を動かす企画」を生み出すコンセプトデザインの
考え方と実践プロセスのすべて

コンセプト・センス
正解のない時代の答えのつくりかた
吉田将英・著

誰でもすぐに
コンセプトをつくる力が身につく!

オリジナルメソッド満載!
「コンセプト構文」
「BIV−Cメソッド」
「認知の拡張MAP」
「コンセプトマンダラ」
オンコンセプト思考フレーム

定価2200円(税込)　ISBN9784866214740

WAVE出版の本

デキる人はみんなやっている！
要点を最短・最速でまとめる技術

頭がよくなる箇条書きの習慣

マスカワシゲル・著

地頭力が劇的にアップ！
要約力、理解力、分析力、論理的思考力、
判断力、説明力、段取力がまとめて身につく

●外資系マネージャーが教える最強メソッド
　・あなたの付加価値が上がる
　・あらゆる場面で威力を発揮！
報告書、企画書、プレゼン資料、議事録、メール etc.

定価1980円（税込）　ISBN978486621496